JN188096

高校生にも読んでほしい

平和のための安全保障の授業

参議院議員

佐《さ》藤《とう》正《まさ》久《ひさ》

オリエンテーション

戦争のない令和にするために

２０１９年は、天皇陛下の退位と即位があり、平成から令和へと変わった特別な節目の年です。平成の日本は、明治以後初めて戦争のない時代を過ごすことができました。そういう意味では文字通り、「平和に成った」時代だったと言えるでしょう。しかし、世界規模で見てみれば、人類の歴史上、戦争がなくなった日は一日たりともありません。

そんな中でも「日本だけは平和だ」と、みなさんは信じたいでしょう。しかし、現在の日本もたくさんの脅威にさらされており、多くの人々による懸命な努力のおかげで、何とか平穏を保っているというのが実情なのです。

「戦争のない令和にするために」

その思いと現実を伝えるべく、私は再び執筆活動に入りました。

この本は、２０１５年８月に刊行した『高校生にも読んでほしい安全保障の授業』と、翌16年12月に刊行した『高校生にも読んでほしい海の安全保障の授業』の内容をもとに、それらが刊行された時点から変化したことを反映し、また現在の日本をとりまく状況を新たに盛り込み、大幅に加筆修正を行ったものです。

前の2作と同じように、日本が平和を維持するために、どんなことをしているのか。現在の日本にはどんな危機が迫っているのか。そして、これから何をする必要があるのかについて、学生のみなさんにも伝わるよう、できるだけわかりやすく解説していきます。

戦争のない平和な状態を実現するためには、武力を使わない**「対話（外交）」**と、武力を後ろ盾とする**「抑止力《よくしりょく》」**という、相反するふたつのものが必要です。

「対話」とは、お互いに戦争をしないぞという「意思」を持ち、**信頼関係を作っていくことで成立します**。

一方の「抑止力」ですが、これは「もしも戦争を選択したら、そのほうがバカを見る」という「しくみ」だと考えていただければいいでしょう。たとえどちらかの国に戦争する「意思」があったとしても、**この「抑止力」が働いているうちは戦争にはなりません**。

戦争をしない、平和を保つ努力というのは、私たちが普段からしている人付き合いと似ています。笑顔であいさつを交わし、コミュニケーションをとる（対話をする）ことで、無用なトラブルを避けられますよね。何かのはずみでケンカになりそうなときでも、多くの場合はお詫びをしたり、しっかり話し合ったりして、「お互いさま」というかたちで始末をつけます。でも、もしも対話が通じない人が隣に引っ越してきたら、あなたはどうしますか？　笑顔であいさつしても無視される。それどころか武器をチラつかせながら、暴力的な行動や言動を繰り返し、身の危険を感じたら、どうすればいいのでしょうか？

そんな、外交努力が通じない事態に備えるのが「抑止力」です。もし暴力行為によってケガをさせられたり、モノを壊されたり、脅されたりしたら、警察に訴えますよね。警察官は暴れる容疑者を逮捕し、裁判官が法律によって裁くことになります。

日本では暴力行為をすれば、警察に逮捕されて、罰を受けなければならないので、それが犯罪を思いとどまらせる力、すなわち抑止力になっています。

なんとなく言葉の印象としては、「対話」が平和的で、「抑止力」は好戦的だと思うかもしれませんが、ここまでお話をすれば、この「対話」と「抑止力」が、どちらも平和を望むために必要なことだとわかってもらえると思います。どちらが平和的で、どちらが好戦的だと、簡単に割り切れるようなものではないのです。

特に「抑止力」があるから「対話」が進むという側面に注目してほしいと思います。

この本でみなさんと考えていきたいテーマは**「安全保障」**です。安全保障とは、戦争を思いとどまらせる力、すなわち抑止力にほかなりません。

私は、自衛官として自衛隊イラク派遣で先遣《せんけん》隊長を務め、参議院議員になってからはその経験を生かして、外交防衛委員会理事として議論をリードし、２０１２年には防衛大臣政務官として、抑止力を向上させる仕事に携わってきました。２０１５年には筆頭理事として「平和安全法制関連法」の成立に尽力。その後、２０１７年８月に発足した第３次安倍内閣で外務副大臣に就任し、実のある対話を実現させる仕事に従事しています。

私は元自衛官として「戦地の現実」を、そして外務副大臣として「外交の現場」をこの目で見てきました。

だからこそ、日本の平和と安全保障を考えるに際して、現在の日本がどのような脅威にさらされているのか、みなさんに正しい情報を提供することができます。

戦争がなかった平成と同じように、令和の日本も戦争のない平和な時代にするために、私たちはどうすればいいのでしょうか。

この本は、みなさんと一緒に日本の、そして世界の平和を考えていくための教材です。

できることなら、これからの日本を担っていく、若い世代のみなさんが一緒に考えてくれることを心から願っています。

高校生にも読んでほしい平和のための安全保障の授業 目次

本書の講師

参議院議員

佐藤正久

さとう・まさひさ

1960年10月23日、福島県生まれ。前職は陸上自衛官（最終階級は1等陸佐）。防衛大学校卒業。米陸軍指揮幕僚大学卒業。自衛隊イラク派遣では先遣隊長、第一次復興業務支援隊長を務める。口ヒゲをたくわえたその風貌から〝ヒゲの隊長〟として親しまれ、そのリーダーシップで現地の部族長や住民たちから厚い信頼を得る。2007年退官後、同年参議院議員選挙に自由民主党全国比例区から立候補し当選。参議院外交防衛委員会理事、防衛大臣政務官、外務副大臣などを歴任。現在も意欲的に全国を回るとともに、ツイッターやHPなどを活用し国民に生の情報を発信し続けている。著書に『ありがとう自衛隊』、『守るべき人がいる』、『ヒゲの隊長絆の道』、『高校生にも読んでほしい安全保障の授業』、『高校生にも読んでほしい海の安全保障の授業』（いずれも小社刊）などがある。

1限目

平和安全法制ってなんだろう？

世界大戦の反省が生んだ「集団安全保障」の概念

みなさんは、「集団的自衛権」という言葉を聞いたことがあると思います。２０１５年に国会で可決された、いわゆる「平和安全法制（関連法）」が議論されていた頃には、報道などでも話題になっていました。ただ、その中身まではよくわからないという方も多いでしょう。言葉のままに解釈すると、「集団」で「自分たちの安全を守る（自衛する）権利」ということになります。ほかに解釈の余地のない、並んでいる言葉通りの意味ですが、どこにある集団の、どんな安全を守る、誰のための権利なのでしょうか。

これは、本書全体と関係してくることなので、正確な意味についてきちんと説明します。でもその前に、よく似た言葉である、**「集団安全保障」**についての話をしたいと思います。

集団安全保障といった場合の「集団」は、具体的なものを指しています。それは、「国家の集まり」です。国家もそれ自体がひとつの集団ですが、ここで言っているのは、ひとつの国家ではなく、多数の国々が協力的に集まっている集団のことです。具体的には**「国際連合（国連）United Nations」**がそのひとつです。

国際連合は、第二次世界大戦中の連合国(イギリス、アメリカ、ソ連、中華民国など)を中心に、世界の平和の維持、経済や社会などに関する国際協力の実現を目的として、1945年に設立された国際組織です。

国際連合には、前身となる「国際連盟(League of Nations)」という組織がありました。アメリカのウィルソン大統領の呼びかけにより、イギリス・フランス・日本・イタリアなどを中心に、1920年に発足した、初の国際平和のための機構です。

現代の感覚で捉えると不思議な感じがしますが、20世紀初め頃までは、自国の発展や安全のために戦争をする「権利」を各国が持っていました。

ところが、第一次世界大戦が勃発《ぼっぱつ》すると、欧州をはじめとする多くの国でこれまでにないほどの膨大な数の犠牲者が出ました。この悲惨な経験から、みんな「戦争はもうたくさんだ」という気持ちになったのです。

そこで生まれたのが国際連盟でした。戦争をしないということを国際社会全体の約束事にしたのです。この約束に反した国があった場合は、国際連盟が仲裁に入ることを制度化しました。身近に例えると、クラスメイトのひとりが約束に違反してクラスの誰かをいじめたら、ほかのみんなで協力していじめをやめさせる制度です。

これが、「集団安全保障」の考え方のはじまりです。第二次世界大戦後に設立された国際連合も、この制度を受け継いでいます。ここで重要なのは、「集団安全保障」とは「国際社会全体の安全を守る理念」だということです。

個別的自衛権と集団的自衛権

現在、戦争は、はっきりと禁止されています。『**国連憲章**』（国際連合の設立根拠となった条約のこと）第2条4項にそう書かれているのに、残念ながら世界から戦争がなくなったわけではありません。

たとえば、某国がある国に武力を使って攻め込んだとしましょう。この場合、攻め込まれた国は、具体的にどのような権利を行使することができるのでしょうか。

まず、自分たちの国が武力攻撃を受けたら行使することのできる、**「個別的自衛権」**があります。これは、言ってみれば**「国の正当防衛」**です。通常、ある国が武力攻撃を受けたら、国連の**安全保障理事会**が必要な措置を取ってくれます。安全保障理事会（略して「安保理《あんぽり》」とも）というのは、国連の最高意思決定機関のひとつで、世界の平和と安全の維持に重大な責任を持っています。でも、すぐに国連軍が駆け付けてくれるとは限りません。安全保障理事会常任理事国である5カ国（米英仏露中）のうち1カ国が反対し拒否権を行使したら国連は動きません。ですから、攻められた国には、自国の防衛のための武力を行使することが認められています。このように、その国が防衛のために単独で武力を行使する権利が**「個別的自衛権」**です。

●他国と手を組んで国を守る集団的自衛権

でも、相手が大きな国で、武力も自分たちを上回っていたらどうでしょう。単独ではとても太刀《たち》打ちできるものではありません。そこで、こういうときは普段から協力し合っている国に助けを求めることができます。

これが、**「集団的自衛権」**です。

「個別的自衛権」と「集団的自衛権」。**これらふたつの権利は、国連憲章第51条で規定されている、すべての国が持つ権利で、当然、日本も保有しています。**

先ほど、「集団安全保障」は国際社会全体の安全を守る理念と言いましたが、それに対して「集団的自衛権」は、同盟国や友好国との間でお互いに助け合うという意味で、より限定的なしくみといえるでしょう。

通常は、同盟国や友好国が武力攻撃を受けた場合、自国が攻撃を受けていなくても一緒に行動することができるとされています。

日本における集団的自衛権とは

日本は憲法で武力の行使を放棄しています。では、なぜ武力を有する自衛隊があるのでしょうか。不思議に思う方もいるでしょう。でも、個別的自衛権を考えれば、何も不思議なことはありません。武力攻撃を受けたら、それを防ぐには武力が必要なのは当たり前のことですよね。

問題は、集団的自衛権です。いまも言ったように、日本は主権国家で国連加盟国ですから、個別的自衛権も集団的自衛権も保有しています。しかし、集団的自衛権に関しては**日本国憲法第9条**によって、「持っているが行使できない」という解釈が、過去には政府の間でもなされていました。その条文に、戦争・武力の行使の放棄、これらを目的とした戦力の不保持などが盛り込まれていたからです。つまり**国連憲章第51条で認められた権利を、**

憲法第9条の認める自衛の範囲を超えると自ら縛ったわけです。

ただ、憲法第9条の認める自衛の範囲は、日本をとりまく安全保障環境によってその上限を変えるべきですが、1972年に当時の周辺環境に照らして「その上限を個別的自衛権までとする」と解釈してから、近年まであまり議論をしてきませんでした。

その大きな理由のひとつが、いわゆる**「日米安保」**（日米相互協力・安全保障条約）にありました。アメリカに守ってもらうことで十分な抑止力があると考えられていたのです。

確かに、冷戦終結まではそれでうまくいっていました。しかし中国の巨大化や北朝鮮の暴走などにより、それだけでは対応が難しくなり、新たなルールが必要になったのが2015年の平和安全法制の議論でした。

当時、日本の平和と安全がどのような脅威にさらされていたかを振り返ってみましょう。国民の命や国土を脅かすような、これまでと違う脅威がいくつも発生していたのです。

日本が当時一番危機感を持っていたのが、先述した中国と北朝鮮でした。

たとえば、中国の国防費はその時点までの過去10年間で4倍増、中でも爆撃機は年々進化していました。また、北朝鮮のミサイルの性能も、飛躍的にアップしていました。

特に中国は、日本に対して領空侵犯《しんぱん》するケースが増え、2014年度の航空自衛隊による対中国機スクランブル（外国の航空機の侵入に際し、迎撃機が緊急発進すること）は460回を超え、過去最高のペースでした。詳しくは「3限目」で説明しますが、中国はほかにも日本の近海を含む西太平洋への海洋進出を進め、もはや見過ごすことのできない深刻な状況に陥っていたのです（残念ながら、それ以降も深刻度は増し続けています）。

また、日本周辺のみならず、中東では、現地で働く日本人10人が犠牲になった**アルジェリアの人質事件**（2013年）や、**イスラム過激派組織IS《アイエス》による日本人人質殺害事件**（2015年）もあり、まさに脅威はグローバル化していました。

このような世界情勢の変化の中でいかに国民の暮らしと命を守り抜くのかが、国政にとっての緊急の課題となり、「現状における必要最小限の防衛とはどの程度なのか」「個別的自衛権だけで十分なのか」という議論が必要になりました。

その中で「主権国家として認められている集団的自衛権を行使しなければ国を守れない場合がある」ならば、法律を整備しなければなりません。自衛隊は法律がなければ行動できないため、結果として国民を守れないケースが起きてしまいます。

国家国民を守るために、これまでは目をつぶって見ないようにしてきた部分に危機感を持って対処したのが、**「平和安全法制」**の議論でした。

戦後の日本では、軍事について研究することですら、戦争を誘発するおそれがあるとしてタブー視されてきました。しかし、現実世界は日本の思い通りには動きません。あらゆる事態を想定して、それに備えておくことが、戦争を避けることにもつながるのです。

平和安全法制の目的は日本と国際社会の平和と安全

ここで、平和安全法制の主要な要点をまとめておきます。ひとくちに国民を守るための法制といっても、いつ、どういう状況に遭遇《そうぐう》するかによって、適用される範囲が違います。危機管理というのは、何段階ものレベルがありますから、それらひとつひとつのケースを想定しながら、細かく適用範囲を決めておかなくてはならないのです。

そこで、平時から有事まで切れ目のない対応を可能にする平和安全法制の全体的な枠組をまとめたのが18ページの表です。この法整備が、ふたつの目的からなっているのがわかると思います。ひとつは、「日本の平和・安全」（上の表）に関する法律で、わかりやすくいえば、私たち日本人の生活の緊張度をいくつかのレベルに分け、主に自衛隊による、直接的な「国防」につながる活動の指針を示すものです。

平和安全法制　全体枠組（イメージ）

目的	事態	主な活動	関連する主な平和安全法制
日本の平和・安全	平時 グレーゾーン事態	情報収集、警戒・監視 アセット防護	改 自衛隊法
	重要影響事態	米軍などへの後方支援 NEO、アセット防護	改 重要影響事態安全確保法 （周辺事態法〈改正〉）
	存立危機事態	機雷掃海、 BMD米鑑防護 アセット防護	武力攻撃事態 改 対処法
	武力攻撃事態	島しょ防衛	武力攻撃事態対処法

目的	事態	主な活動	関連する主な平和安全法制
国際社会の平和・安全	国際平和協力 （紛争前・紛争後）	国連平和維持活動 国際的な人道救援 国際連携平和安全活動	改 国際平和協力法 （PKO協力法）
	国際平和共同対処事態 （紛争中）	国際紛争に対処する米軍・多国籍軍への後方支援	新 国際平和支援法

NEO：非戦闘員退避活動　　BMD：弾道ミサイル防衛

もうひとつは、「国際社会の平和・安全」(下の表)に関する法整備です。これも主に自衛隊の活動に関してのことですが、こちらは、海外での平和維持活動や人道復興支援、後方支援活動などの指針を示すものと考えればよいでしょう。

従来、「PKO」(国連平和維持活動)や多国籍軍支援と呼ばれている活動を、拡充するかたちで整備したものです。PKOとは、国連が受け入れ国の同意を得た上で行う中立的な活動のことです。紛争の拡大防止、休戦・停戦の監視、治安維持、選挙監視などの活動に派遣された部隊や人員があたります。

「日本の平和・安全」の中で想定される活動とは?

そこでまず「日本の平和・安全」についてですが、これはさらに細かく事態の推移に従って分けることができます。分類の基準は、緊張度の高さであり、表の中だと色が濃くなっている下のほうが「緊張度=危険性」が高いということになります。

これを見ておわかりの通り、「平時」から「武力攻撃事態」まで、**あらゆる状況が切れ目なく想定されているのがポイントです。**

「平時」は、「戦時」あるいは「有事」の反対語で、戦争や事変のない、文字通りの平和なときのこと。これまで日本人は、自分たちがずっと平時にあると考えていたためか、平時以外の状況を想定して備えをするという意識がなかなか定着しませんでした。これは、防災や防犯・防火にもいえることかもしれません。しかし、**有事になってから慌てても遅い**わけですから、平時からしっかりと準備をしておく必要があります。

「グレーゾーン事態」は、たとえば武装した外国の漁民が不法に日本の島に上陸したような場合を想定することができます。「平時」との境目はそれこそグレーですが、続いて説明する「重要影響事態」との境目もグレーといえるでしょう。

「重要影響事態」とは、かつての「周辺事態法」(「周辺事態に際して我が国の平和及び安全を確保するための措置に関する法律」。日本の安全に大きく影響する事態=周辺事態が起きた際に行う措置や、そのための手続きについて必要な事項を定めたもの)を改正して適用するような事態のことです。

それまでの周辺事態法は、主に朝鮮半島で緊張が高まったときなど、日本の近隣で発生した事態を想定していました。元来は、その適用範囲を日本周辺に限らなかったのですが、法律名の「周辺」のイメージと適用範囲がミスマッチなので、法律名を「重要影響事態安全確保法」に変更し、支援内容や支援地域もより柔軟かつ実際的にしました。

実際に、国際テロのような状況を考えればわかりやすいと思います。海外にいる日本人は約330万人を超えていますが、国際テロは日本周辺だけでなく、中東やアフリカなど、世界中のいたるところで起こる可能性があります。そこで、平和安全法制では地理的制約をはずしたわけです。そして、必要があれば、協力関係にあるアメリカ軍などとお互いに協力し合うために、後方支援も認めるというようにしています。

続く**「存立危機事態」**は、集団的自衛権に関する議論の中で、これまでもっとも曖昧《あいまい》なままにされてきた部分といえるでしょう。先ほどの「重要影響事態」と、このあと取り上げる**「武力攻撃事態」**の間におかれているというのは何を意味するのか。それは、日本がまだ直接攻撃を受けてはいないのだけれど、**そのまま放置していたら日本国民に犠牲が出る事態にまで発展するおそれがある**、ということです。

そして、そういう事態において武力をもって対応するケースを対象にしているのが、「存立危機事態」なのです。

「存立危機事態」と「武力攻撃事態」の違う点がよりわかるように、具体的な想定状況を次に考えてみることにしましょう。

存立危機事態としての機雷掃海《そうかい》

23ページの図は、ペルシア湾・ホルムズ海峡とその周辺の地図です。ホルムズ海峡は、ペルシア湾とオマーン湾の間にあり、古くから交通の要衝《ようしょう》でした。特に現在は、ペルシア湾沿岸諸国で産出される石油の輸送路として、なくてはならない場所といえます。

毎年3600〜4000隻《せき》ものタンカーが、この海峡を通って日本にやって来ます。地図中の矢印は、日本にやって来るタンカーの航路、いわゆる「オイルシーレーン」です。

本来、「油の道」が一本だけというのは望ましくありませんが、いまのところは、**このホルムズ海峡を通る一本が止まったら国民生活に大きな影響が出てしまいます。**

なにしろ、ここを通るタンカーの数は日本がナンバー1です。ペルシア湾と日本を結ぶ線上に約90隻のタンカーが常に浮いている計算になるほどなのです。

このホルムズ海峡をめぐって、2012年、イラン議会に海峡を封鎖する法案が提出されました。特定の国に向けて航行する原油タンカーに対し、ホルムズ海峡の通過を阻止するというのです。

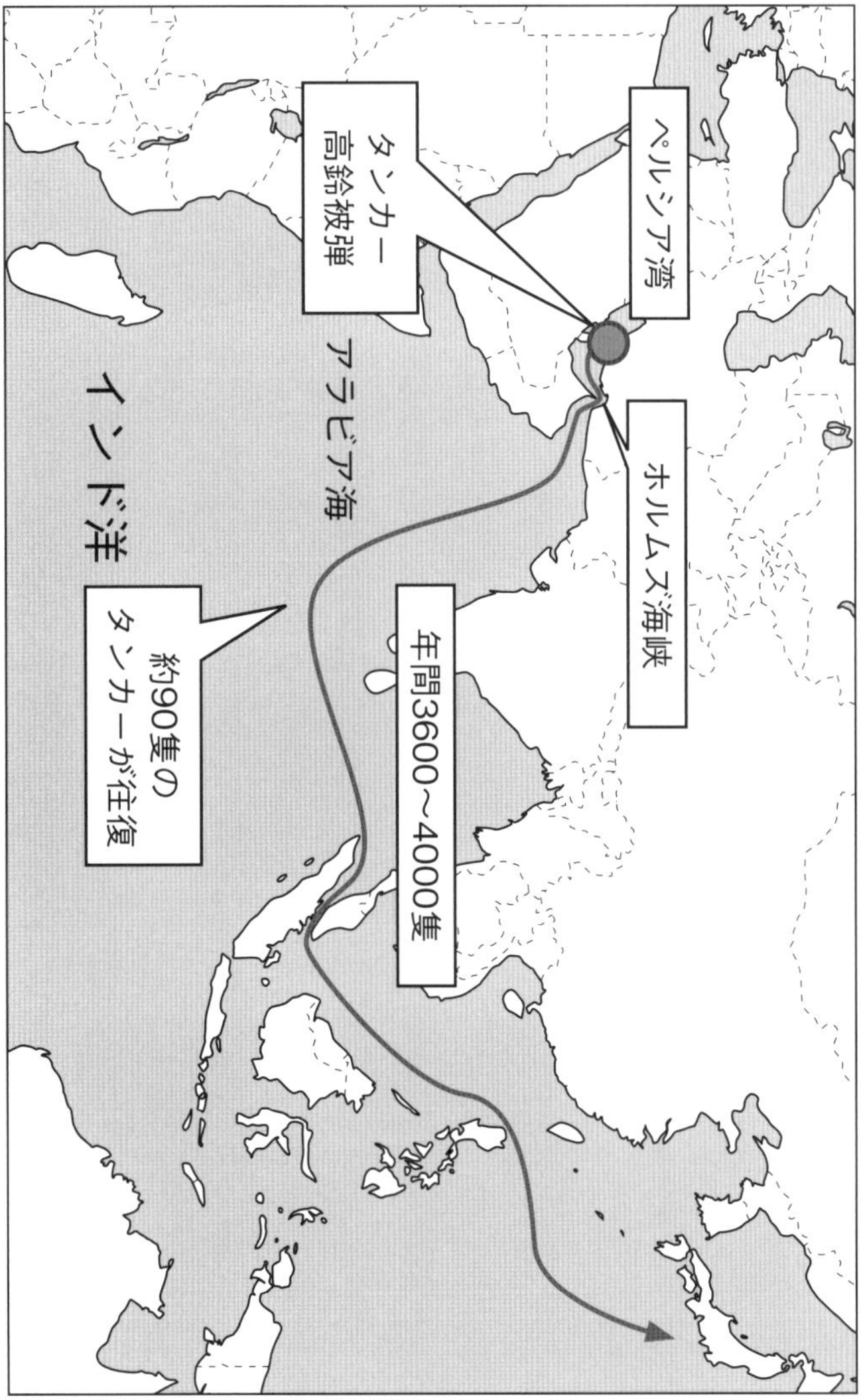

日本のオイルシーレーン

これは、イラン産原油の禁輸制裁を発動した「**EU諸国**」（EU・欧州連合に加盟する28の主権国民国家）への対抗措置として、対イラン制裁を支持した国のタンカーを通行させないようにするものでした。

このとき、実際にホルムズ海峡が封鎖されることはありませんでしたが、国際社会で孤立するイランは、その後もたびたびホルムズ海峡封鎖を持ち出して牽制《けんせい》しています。

もしも、このホルムズ海峡を実際に封鎖するとしたら、イランはどのような軍事手段を採用するでしょうか。小型高速艇による水上戦力、魚雷搭載能力を持った潜水艦戦力や、付近の島や沿岸に対艦ミサイルを配備するなどいろいろ考えられますが、もっとも効果的な手段は機雷です。機雷はその破壊力はもちろんのこと、海中のどこに潜んでいるかわからないという心理的な効果が、狭い海峡では特に大きいのです。

そこで、この事態に備えようと、米軍を中心とする掃海《そうかい》（機雷を処分すること）演習が実施され、封鎖が実行されたときにもっとも被害を受ける日本も参加しました。

紛争地域で機雷を処理する方法にはさまざまなものがあります。爆破もそのひとつです。ところが、この行為は、国際法の上では武力行使にあたります。ですから、自衛隊が処理をする場合は新たに法律を整備しなくてはなりません。

さて、機雷によって石油やガスが途絶したら、日本に死活的な影響が出るのは明白です。それを回避するには、機雷掃海という武力行使が必要です。でもこれは、日本の本土防衛のための「武力攻撃事態」とは明らかに異なりますよね。これが、「存立危機事態」に該当するケースなのです。

この「存立危機事態」を想定した法整備がなされていなければ、日本のオイルシーレーンを日本人のために守る活動であっても、自衛隊は実際の機雷をひとつも除去することができないということになってしまいます。「存立危機事態」は日本がまだ攻撃されていない状態でも、そのまま放置していたら日本の存立や国民の命や暮らしに死活的な影響があり、ほかの手段では守れない場合に限り、必要最小限の武力行使が認められる事態です。

なお、平和安全法制には武力行使の際には「新三要件」という、集団的自衛権を使う際の前提となる条件が盛り込まれています。三要件の内容は、以下となっています。

① 密接な関係にある他国に対する武力攻撃が発生し、我が国の存立が脅かされ、国民の生命、自由及び幸福追求の権利が根底から覆される明白な危険がある(存立危機事態)

② 我が国の存立を全《まっと》うし、国民を守るためにほかに適当な手段がない

③ 必要最小限度の実力行使にとどまる

日米が互いの装備を守り合う

平時から有事まで切れ目なく日米で連携できる体制を整えておく案件として、もうひとつポイントになるのが**「アセット防護」**です。「アセット」とは「装備品」という意味です。「装備品」というとなにか身につけるもののようですが、防衛用語では、火器、船舶、航空機、車両、機械などすべての装備を指します。平和安全法制では、平時から武力攻撃事態までいつでも、日米お互いがお互いの装備品を守り合うことができることになりました。

たとえば、イージス艦です。イージス艦とは、200以上の目標を追尾し、10個以上の目標を同時に攻撃できる高性能対空ミサイルシステム（イージスシステム）を搭載した艦《かん》艇《てい》のことです。警戒・監視を日本のイージス艦とアメリカのイージス艦がそれぞれ行っているとき、これまでの法律では日本は日本のイージス艦しか守ることができませんでした。それが、アセット防護によってお互いに守れるようになったというわけです。

アセット防護が平時から行えるメリットは、**日米が集団的自衛権を行使する前の平時の段階から緊密な連携を図れることでしょう。**これにより実質的にお互いを守り合うことができます。自衛権を発動する前の段階から、事態が緊迫してもお互いに切れ目なく守り合う姿勢をとれるということは、個別に守っているときよりも力が強いのは当然です。

これにより、中国や北朝鮮などにとっては手を出しづらくなるわけです。「日米が切れ目なく守り合っている」と思わせるもので、これだけでも**抑止力が働く**ことになります。

具体例で説明しましょう。日本のイージス艦とアメリカのイージス艦が警戒しているところへ弾道ミサイルが飛んできたとします。イージス艦は非常に高い性能を持っていて、弾道ミサイルを迎撃することができます。ただし、迎撃するには高性能レーダーを使ってミサイルの弾道を計算しなくてはなりません。このときレーダーは、その指向幅をミサイルに向かって細く絞られるため、レーダーを指向した以外のエリア（たとえば横）が見えなくなるという弱点があります。

実際に北朝鮮はこれまでに何度も実験や衛星打ち上げと称して日本海や太平洋に向けて弾道ミサイルを発射していますが、日米のイージス艦が警戒中に北朝鮮の戦闘機が近づいてきたこともあります。ですから、当然今後も同様のケースは起こりえます。そんなとき、片方の艦が攻撃されている際に、もう片方の艦が守ってあげていれば、結果として日本にミサイルが落ちる確率は低くなるわけです。

平和安全法制によって国際平和に貢献できる

続いて、平和安全法制のふたつ目のポイント、「国際社会の平和・安全」について考えてみましょう。18ページの表の下段に相当する部分です。

私自身も自衛官の頃にＰＫＯに行ったのがきっかけで政治家になったのですから、国際平和協力については思うところがあります。最初に国際協力にたずさわったのは、32歳のときでした。当時、自衛隊から外務省に出向しており、カンボジアＰＫＯの政策立案に関与し、現場にも行きました。その後、シリアとイスラエルの国境近くにあるゴラン高原に、国連ＰＫＯの日本の初代隊長として派遣されたのが35歳のとき、そして43歳のときにイラク人道復興業務支援隊の初代隊長として派遣されました。その後、自衛隊の国際平和協力任務は、国を守る防衛出動と同じ本来任務に格上げされ、これを機に防衛庁が防衛省となったのです。

ところが、任務は格上げとなったのに、現場の隊員の武器使用を含めた権限や処遇はそのままでした。任務の内容と実際の権限がはっきりと結びつかないまま、国際平和協力業務は防衛出動と同じ本来任務であるという、おかしな状況でした。

実際、イラク派遣のときは、メディアを含めて、多くの日本のみなさんに心配をしていただきました。特に、初めて自衛隊が危ないところに行くということで、「戦死者が出るだろう」などと言われたものです。

遺書を書いた隊員もたくさんいます。自分で桐《きり》の骨箱を作って、そこに髪の毛と爪を切って入れてからイラクに赴《おもむ》いた隊員もいます。私自身、心身健康な状態で帰ってこられない場合があるかもしれないという覚悟はありました。

家族の方々が心配するのは当然で、ご主人の無事を祈って毎日、陰膳《かげぜん》（出先での無事を祈って、家族が留守宅で食膳を供《そな》えること。安全祈願のひとつ）をされていた奥様の話も聞きました。そういうみなさんの思いを、私は隊長として非常に重く受け止めたものです。

平和安全法制が整ったことで、**国際協力の場でチグハグだった任務と権限が、ようやく国際標準に近づいたことになります。**

私自身、国際協力の法整備ができたことには満足しています。与党協議会のメンバーとして、また筆頭理事としてこの法案に深く関与してきましたので、外務副大臣の経験も交えて引き続き責任をもって国民に説明をし、理解を得ていくつもりです。

特にこれからは、政治に大きな役割が求められています。平和安全法制が整ったことで、自衛隊の任務は国内外において増えていくでしょう。当然リスクもあります。けれども、自衛隊のリスクがあるからといって、自衛隊が何もしなくてもよいわけではありません。国家国民のリスクを下げるために、自衛隊にはリスクを背負ってもらう場合があります。

しかし、これまでの個別的自衛権の範疇《はんちゅう》でも、国際協力でもそれは同じです。任務が増える以上は、政治もそのことをしっかりと覚悟しないといけないと思います。もしも派遣をしたあとで、それが実際の派遣計画と合っていないのがわかったのであれば、勇気をもって修正するのが政治の仕事なのです。

現場で一番の悩みは武器の使用権限

平和安全法制では、自衛隊員の武器使用権限が拡充されました。これは、現場で指揮をとった経験から、よかったと実感することです。

私がゴラン高原に派遣された当時、我々に与えられた武器使用の権限は、あくまでも正当防衛、緊急避難のときだけでした。ほかの国はどうかというと、離れた場所で隊員が襲われた場合に助けに行く「駆け付け警護」、あるいは「警護任務」などでは武器使用が認められています。自衛隊はというと、「正当防衛」、「緊急避難」という非常に抑制的・限定的なシチュエーションでしか武器使用が認められていないため、任務と合致した国際標準的な武器の使用ができないという苦しさがありました。

日本国内の通常訓練で行っていることを海外ではやってはいけないということで、これは自衛隊員にとって大きなストレスとなります。

たとえば、上官が部下である隊員に対して「撃て!」と命令できませんでした。憲法の禁ずる武力行使にならないように、部下は個人の判断で、しかも正当防衛のときしか撃ってはいけないのです。

政治家の中には、自衛隊に縛りをかけることが平和的な活動につながると勘違いしている人もいますが、その考え方はとても危険です。現場で一番正確な情報を持っているのは上官です。その上官が命令できず、個人の判断でバラバラなことをやってしまったら、危なくてしかたがないのです。

だから私は訓練のとき、部下によくこんなふうに言ったものです。

「2、3人いたら、一番の先任者が先に撃て。これが射撃号令だ」

しかし、そんなのは苦肉の策でしかありません。国内で訓練してきたのと同じことを海外でもできるようにしないと、守れる命も守れなくなります。

次に「駆け付け警護」の問題です。私たちがイラクに派遣されている間に、同志だった外務省の奥克彦《おくかつひこ》参事官が襲われ、亡くなった事件や、日本人のメディア関係者が亡くなった事件が発生しました。武器を持たない文民やNGOの方から、われわれ派遣隊に「守ってほしい」という要請が来るのは当然です。しかし、我々は危険な目に遭《あ》っている人のところへ駆け付けて、武器を使用して守ることができないのです。その行為は正当防衛を超えるからです。これが、非常に大きなジレンマでした。

また、隊員が15人、20人といった単位で学校や道路を直しに行ったり、病院・診療所の支援に行ったりします。これも重要な活動ですが、そういう離れた場所で活動している隊員が襲われた場合、本隊が武器を持って駆け付けて助けることができないのです。なぜなら、これもまた**正当防衛の範囲を超える活動に該当するから**です。

これは極めて異常です。なにしろ、仲間が襲われている状況でも、同じ自衛隊員が助けに行くことができないのですから。

そんな軍隊など、世界中のどこを探しても存在しません。

法律がなければ自衛隊は1ミリも動けない

私の部下隊員も、連絡員としてオランダの宿営地、あるいはイギリス軍やアメリカ軍の司令部にいました。彼らは、何かあれば隊長が何とかしてくれると信じていましたし、私も何とかしようという気持ちでした。しかし、自衛隊には法律の縛りがあります。法律がなければ1ミリも動けないのです。そういうギャップには常に悩まされ続けました。

仮に宿営地の警備をしているときに、迫撃砲やロケット砲で何回も撃たれたとします。だいたい相手は2~3㎞先から撃ってきます。当然、撃たれたら現場に急行して、脅威を排除しないといけません。しかし、そのときでさえ、武器使用を前提として行動できないのです。**現場に駆け付けたそのときに彼らが逃げれば、攻撃を受けていないため、正当防衛ではないからです。**自衛隊は現場まで行って排除できないということを、攻撃をしている側は当然わかっています。だから、撃つと同時に彼らは逃げます。そして、しばらくしたらまた撃ってくる。こんな、いたちごっこが繰り返されました。

人道復興支援のためや、自分たちの宿営地を作るための資材を輸送するときにも、同様の問題が発生します。サマワ（イラク）には、イラク戦争以降、オランダ軍が駐屯《ちゅうとん》して治安維持にあたっていましたが、２００４年からは日本の自衛隊が駐留し、復興支援活動を行っていました。日本からコンテナなどで送られた資材をいったんクウェートに陸揚げして、そこから陸上輸送で隣のサマワまで、２７０〜２８０㎞を輸送しないといけなかったときのことです。

通常、どこの部隊もそうなのですが、こういう輸送の際には民間のコンボイ（輸送団）を使います。コンテナですから、大きなトレーラー数十台が連なって輸送を行います。しかし、クウェートとイラクの国境付近は治安が不安定です。イラク国内は、さらに不安定でした。自分たちの部隊の荷物は自分たちで警護をしないと国境を通過することが許されませんでした。しかし、我々には、警護任務が与えられていないのです。警護任務が与えられていないということは、そういう状況にあっても、武器の使用が認められないわけですから、**事実上、守ることができないわけです。**

そうなると、いつまで経っても荷物が届かなくなり宿営地も作れません。人道支援もできません。それで困ってしまい、苦肉の策として、何十台ものコンボイを、我々が「道案内する」ということにしたのです。前と真ん中と後ろに「道先案内人」をつけていますから表向きは道案内です。しかし、先導しているのは完全武装の装甲車。見た目は完璧な警護です。自分たちが撃たれたら、正当防衛で撃ち返すこともできます。

　しかし、本来ならば、政治は現場にこのような無理をさせたり、悩ませたりしてはいけないはずです。さすがに、平和安全法制に含まれるPKO協力法の改正によって、警護ができるように改められました。

妙な理屈をこじつけなければ邦人救助もままならない

　東ティモール民主共和国は、東南アジアの共和制国家です。1999年、国連主導の住民投票によりインドネシアの占領から解放され、2002年に独立しました。

　私が行ったときのことではないのですが、自衛隊がPKOで派遣されている間に、東ティモール・ディリ市内で暴動が起きて、日本食レストランの調理人から「助けてくれ」と自衛隊に要請がきました。しかし、これもやはり武器使用の権限がないため助けに行くことができません。そこでどうしたかというと、「あれ?　たまたま隊員が休暇で外出している」、「じゃあ、あいつを迎えに行こう」という設定で迎えに行ったのです。

そこでさらに、「あれ？　車に座席の余裕があるね。じゃあついでにレストランの調理人も乗せていこう」という設定を加えて、その調理人を助け出したのでした。

こういう妙な理屈をこじつけて、現場は乗り切っていました。政治はこうした無理を、いままでずっと現場に押し付けてきたのです。

平和安全法制の整備以前に、自衛隊が体験したジレンマはまだまだあります。南スーダンは、アフリカ大陸東部のスーダン共和国から独立しましたが、その後も対立が続いて治安が悪化。自衛隊のPKOは2012年に派遣され、道路等のインフラ整備などを行い、17年に撤収しました。そこで、南スーダン軍の工兵部隊が道路工事をやるために、自衛隊に建設機材の使い方を教えてほしいと言ったとします。自衛隊は高い技術を持っていますので、その思いは当然です。でも、当時の法律では他国軍の支援はできませんでした。いくら工兵部隊や医療部隊に技術を教えたいと思っても、国軍への支援はできないのです。

また、私が派遣されたシリアのゴラン高原では、ほかの部隊と一緒に宿営していました。同じキャンプの中に何個かの部隊があったのです。しかし当時の法律では、自衛隊の武器使用が限定されていたため、共同警備ができません。その頃のゴラン高原では、周りはカナダの兵站《へいたん》部隊（戦闘地帯より後方に置かれ、軍の補給、連絡線の確保などにあたる部隊）

でした。カナダの兵站部隊と自衛隊とでは明らかに自衛隊のほうが強い部隊です。しかし、自衛隊が他国軍のために共同で警備をすることはできませんから、警備はカナダの兵站部隊が行うことになります。もしも、カナダの兵站部隊がやられてしまったら、自衛隊もやられてしまうという状況は、そこにいる誰もがおかしいと思っていました。はじめから一緒に宿営地の周りを警備したほうが理にかなっていますからね。

南スーダンでも、ルワンダ軍とバングラディシュ軍に守ってもらって、その後ろに自衛隊がいるのですが、一緒に守ったほうが圧倒的に合理的でした。国際社会の一員として、**「自分さえよければそれでいい」のではなく、自分たちの持てる能力の範囲内で、しっかりと貢献をしていくことが必要だと思い知らされました。**

このジレンマを解消するのが平和安全法制における、**「国際社会の平和・安全」に関する部分の最大の目的**です。

まれなケースも想定してあらゆる国際平和協力に対応

次に「国際社会の平和・安全」を支えるふたつの目的、「国際平和協力」と「国際平和共同対処事態」について見てみましょう。

もう一度18ページの表を見てください。**「国際平和協力」**は、国際平和協力法（PKO協力法）で対処する分野で、緊張の度合いの少ない活動であることがわかると思います。紛争が始まる前か、紛争が終わったあとの人道支援と考えればよいでしょう。

一方、**「国際平和共同対処事態」**は、より緊張度の高い支援活動です。紛争中に多国籍軍などへの後方支援を行うのは、こちらです。1978年からターリバーンやアルカーイダなどの武力集団が断続的に衝突しているアフガニスタン紛争のとき、海上自衛隊はインド洋で給油支援をしました。それなどが該当する活動です。これは世界から高く評価された活動でしたが、民主党（当時）に政権交代した際に中止となってしまいました。

さらに細かく見ていくと、「国際平和協力」には、「国連平和維持活動」「国際的な人道救援」「国際連携平和安全活動」などの活動があります。

「国連平和維持活動」は、国連が紛争地域の平和の維持を図る手段として行ってきたもので、紛争当事者の間に立ちながら、停戦や軍の撤退の監視など、紛争解決の支援を目的とする活動です。平和安全法制では、国連平和維持活動の司令官に自衛隊員を派遣することが可能になりましたし、武器使用に関する規定も緩和されることになりました。

「国際的な人道救援」は、紛争により発生した難民の救援や、紛争によって生じた被害の復旧のために、国連平和維持活動以外の形態で行われる活動のことです。「国連難民高等弁務官事務所(UNHCR)」や「世界保健機関(WHO)」など、さまざまな機関が活動を行っています。自衛隊はUNHCRの要請を受け、ザイールでのルワンダ難民支援活動を行いましたが、これに該当する活動です。

なお、国連難民高等弁務官事務所は、1951年に設立された国連の難民問題に関する機関です。世界保健機関は1948年に設立された、保健事業の指導、衛生条約の提案、情報・援助の交換などを行う国連の専門機関です。

「国際連携平和安全活動」は、国連が直接は関与しない有志連合による人道支援です。私が派遣されたイラク人道復興支援はこのタイプにあたります。

国連ではない有志連合といっても、ほとんどの場合、国連の決議は必要ですが、万一その条件を満たさなくても活動ができるようになっています。

つまり、非常にまれなケースまで想定しており、ここまで視野を広げておけば、だいたいの国際平和協力は行えると考えてよいでしょう。

恒久法《こうきゅう》により事前の準備がしっかりできる

ほかの国はさまざまな武力行使が可能で、状況によっては掃討《そうとう》作戦も実行できます。一方、自衛隊は、武力行使を目的とした派遣はどんな場合も認められていません。あくまでも紛争前や紛争後の人道支援か、たとえ紛争中であっても活動は後方支援に限られています。また、その後方支援の活動場所についても、戦闘が起きていないところに限定されます。つまり、安全性が確保された上での後方支援なのです。

このように制限が加えられた活動に、はたしてどこまで妥当性があるのかについては議論の分かれるところでしょう。しかし、憲法第9条がある以上、それが前提になるのは当然です。また、自衛隊の訓練、あるいは装備の充実度というものをしっかりと考慮に入れておかなくてはなりません。現場の部隊が備えている能力を考慮せず、政治が一足飛びに「これをやれ」と言っても無理なのです。

このように、現場と政治の要求とを、うまくすり合わせながら活動しないといけません。まだまだ課題は山積み状態です。とはいえ、一度にすべてを変えることはできません。私としては、とりあえずは現段階の平和安全法制で十分だと考えています。

とりわけ、大事なのは**これらの法案が有効期間の限定がない「恒久法」として施行されたこと**です。たとえば、イラク戦争後の人道支援活動を行うために2003年に成立した**「特別措置法（緊急事態などに際して特別に制定される法律。略して特措法）」**は、4年間の時限立法でした。2年間延長したものの、2009年には失効してしまいました。

すると、どういう問題が起きるのかというと、自衛隊がそれに対応する訓練をあらかじめ行うことができなくなってしまったのです。想定する状況がないのですから、これはどうしようもありません。

平和安全法制を恒久法とすることで、法律に基づいて部隊行動基準を作り、日頃からじっくりと時間をかけて訓練ができるようになりました。これによって隊員が、安心して活動に従事できるようになったわけです。そして、事前準備がしっかりとできれば、それだけ活動の安全性も高まります。

さらに国際社会が連携をして事にあたろうとする際に、法律があるために早めに国連と調整や情報収集ができ、自衛隊の得意な活動を比較的治安のよい場所で行うことが可能になります。実際、イラクではサマワの選定には大変苦労しました。

国民のリスクも自衛隊員のリスクも減らす

平和安全法制については、国会でさまざまな議論がなされました。「自衛隊員のリスク」についてもそうです。反対派から出たのは、「自衛隊員が殺し、殺される可能性が圧倒的に高まる」という意見でした。自衛隊員のリスクを引き合いに出し、平和安全法制に反対反対の姿勢を示すわけです。いままで自衛隊の手足を縛っていた人たちに限って、今度は急に自衛隊員のリスク論を持ち出してくる。それをもって「戦争反対」、「法案反対」のイメージキャンペーンを張っていたのです。

元自衛隊員である私の経験からいえば、**自衛隊の任務でリスクを伴わないものはひとつもありません。**国内の災害派遣であろうとリスクはあるのです。それ以前も、法律の枠の中で、現地の指揮官がさまざまな条件や状況を考慮しながら、部隊の士気を高め、団結を強めて、リスクの軽減に努めてきました。

新たな任務が増えれば、新たなリスクが生ずるのは当然でしょう。しかし、「リスクがある、高まる」からといってやらなくていいのかといえば、そんなことはありません。リスクがあるのは、なにも自衛隊員だけではありません。警察官や消防隊員の任務も、それとまったく同じです。

当時の、そして現在の国会の議論の中には、実態や本質からかけ離れた机上の空論に思われることが多々あります。平和安全法制は、日本の安全と平和を守るための法律であり、自衛隊員がリスクを負うことで、国民のリスクを軽減するのが狙いです。もちろん自衛隊員も、現場でできるだけリスクを軽減することに努めます。どこの国でも行っている、**ごく当たり前のことを当たり前にできるようにするための法整備**なのです。

リスクはあっても、自衛隊員は国民を守るために任務を遂行します。政治は、現場で彼らがしっかり動けるような柔軟性をもった法律を定めるのが仕事です。

今後も国家や国民が安心して暮らしていけるように、自衛隊がリスクを負ってでも任務を遂行することを大前提として、本質的な議論をすべきでしょう。

切れ目なく守り合う体制が日本の安全につながる

平和安全法制によって、間違いなく抑止力は高まりました。繰り返しになりますが、平和安全法制の最大のポイントは、平時から有事まで、**切れ目なく日米が相互に守り合うことができるようになる点**です。なにか「日本がアメリカを支援する」という面が強調されているように思う人もいるかもしれませんが、実際には、アメリカも日本を支援するのです。安倍晋三首相の外交努力により、トランプ大統領との信頼関係も深まっています。

これまでは、日米が合同で訓練中になにかの事態が起き、アメリカの船が攻撃を受けても、「平時」であるために日本は米国船を守ることができませんでした。しかしこれからは、まったく同じ状況で、日本もしっかりと行動することができるのです。すなわち、**「助けてもらう自衛隊」から、「お互いに助け合う自衛隊」になる**のです。それが結局は、日本の安全保障のためにもなることは、ここまでの授業で理解してもらえたことでしょう。

「平時」も、「グレーゾーン事態」も、「存立危機事態」も、それぞれの段階で切れ目なくお互いに守り合う体制を作る。国民の平和と安全を守るのに、まずはこれが大きな一歩となります。そのために「外交」の力も欠かせません。

平和安全法制は、日本の安全保障にとって大きな前進だといえるでしょう。自衛隊の動きを縛るのではなく、海外での自衛隊の明確な行動基準を作ることは、無用な緊張感を生むことなく平和裏《へいわり》に活動するための最善の策だからです。

2限目

基礎から学ぼう

日本の安全保障

海上の国境と「法の支配」

人類が誕生してから、地球上には絶えず紛争があったと言われます。少なくとも現在残されている歴史に限れば、そのほとんどが戦争の歴史と言えるかもしれません。その戦争を局地的に見れば、ほとんどが土地の領有権をめぐって争い、国境の攻防をめぐって戦っています。

航海技術が進歩した大航海時代よりあとは、世界の海洋もまた各国による奪い合いの対象になってきました。

そして第二次世界大戦の反省を経て、海洋が平和に使われるようルールを定めようという機運が高まり、長い時間をかけてルールが整備されました。

日本は多くの国とともに真摯《しんし》に作り上げたルールを尊重し、あくまでも「法の支配」によって海の安全を保っていこうという立場にあります。

しかしながら、海洋資源を活用する技術が向上し、海の軍事技術が進化するにつれて、新たにまた海上の国境紛争が発生しているというのが現在の状況です。

海は誰のもの？「海の憲法」ができるまで

太平洋、大西洋、インド洋、日本海……場所によってそれぞれ名前がついていますが、すべての海はつながっています。そういう意味では海はひとつしかありません。では海上の国境はどのようにして決めるのでしょうか。

現在、事実上**「海の国境」を決めているのは、「国連海洋法条約」です。**「海の憲法」とも呼ばれるこの条約は、それまで無秩序だった沿岸国（海に面した国）の権利について、あるいは海と接していない国々の海洋利用についてなど、海に関するあらゆることを、世界各国が主張をぶつけ合いながら、苦労して国連で調整し、作り上げたものです。

「国連海洋法会議」と名づけられたこの調整会議は、1958年から、長期間にわたって断続的に続けられました。最終的に国連海洋法条約として合意ができ、条約として採択されたのは1982年です。第一次国連海洋法会議の開始から、実に24年も経ってからのことでした。

ところが、これだけ苦労を重ねて合意を作り上げたはずの国連海洋法条約でしたが、いざ批准《ひじゅん》（各国の議会などで、国としての最終確認をとること）という段階になって、先進国が消極的になってしまいました。そこでこだわりの原因になった「深海底の実施協定」を追加するなどして、ようやく発効にこぎつけました。それは条約として採択されてから、さらに12年後の1994年のことでした。こうした努力の甲斐《かい》があり、「国連海洋法条約」は、2018年6月現在、167の国と地域、加えてEUが批准しています。

国連海洋法条約は、国同士が海の権利を主張して、揉めごとになりそうなことについて、非常に幅広く、細かく規定しています。

●基線

基線とは、簡単に言うと海岸線のことです。ただし、たとえば三陸海岸のようにギザギザと入り組んだ形のままではなく、先端を直線的に結ぶようにして線を引きます。通常は陸地がもっとも広くなるように、干潮時の突端部を直線的に結んでいきます。このとき、たとえば湾や河口などのように、基線より内側にある水域を「内水《ないすい》」と呼びます。このあと説明する、「領海」「接続水域」「排他的経済水域」は、すべてこの基線を基準に測ります。基線のことを「領海基線」ということもあります。

●領海

領海とは、簡単に言うと、その国の海と認められる範囲です。海底とその下も含まれます。国連海洋法条約では12海里を限度に設定できるとあります。ちなみに1海里は、正確には1852mですので、12海里は約22kmです。

領海は領土、領空とともに、国家の主権が及ぶ領域であり、海に面した国（沿岸国）だけが持てます。ちなみに領空とは、領土と領海の上空を指します。

領海では、水産物や鉱物などの天然資源を独占する権利があります。また許可なく立ち入った他国の船を、自国の法律で取り締まれます。ただしこれは他国の船が領海内を勝手に通ってはいけないという意味ではありません。沿岸国の平和、秩序、安全を害しない限り、それは「無害通行」であり、通航してよいというのがルールになっています。そうでない通航は「領海侵犯」「領海侵入」となり、取り締まりの対象になります。

領土や領空は、立ち入れば直ちに主権を侵されたことになりますが、領海はそうではありません。これには歴史的に船舶が貿易、通商、外交の手段として世界を発展させてきたという考え方が背景としてあるのです。

日本の基線と内水

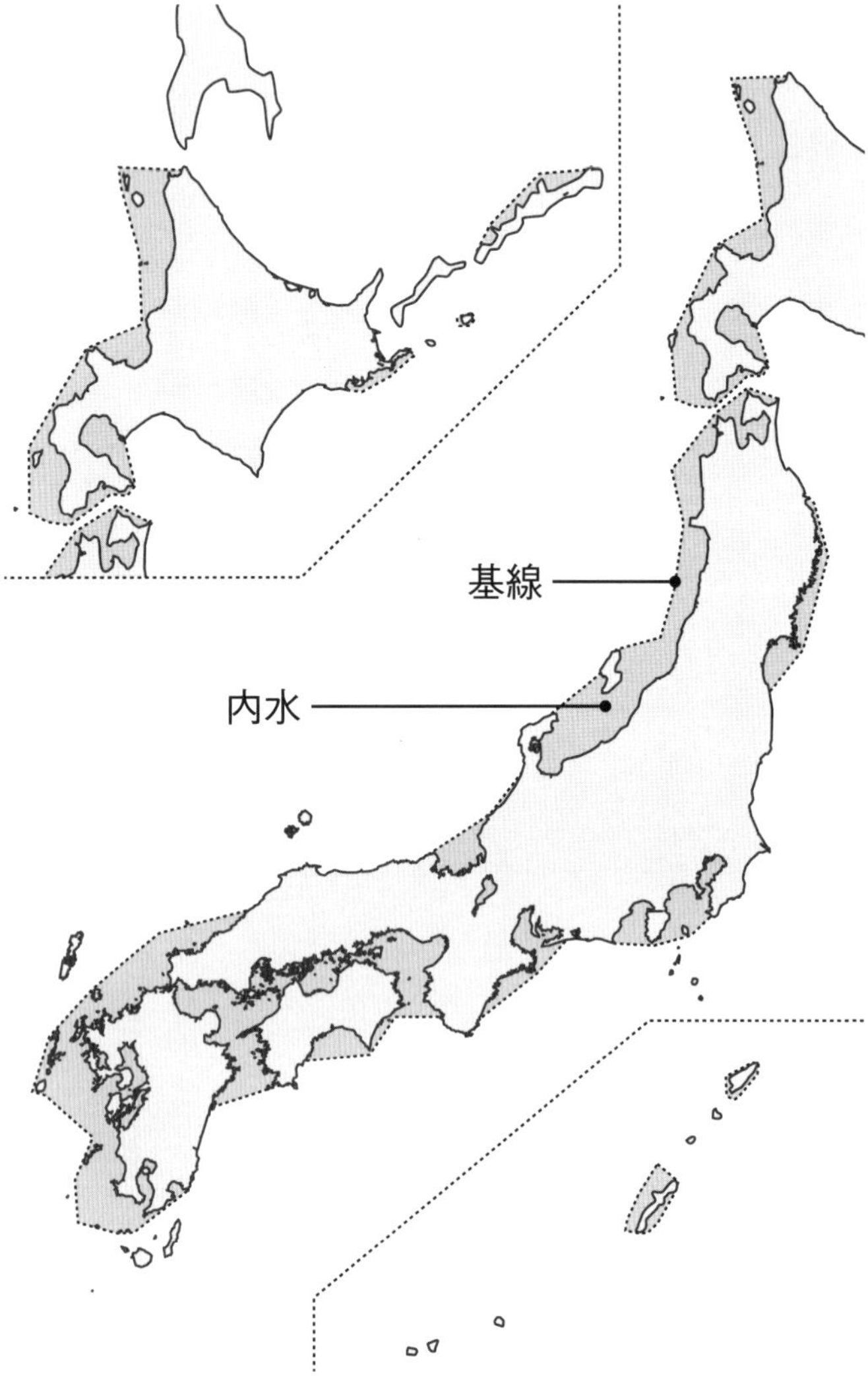

さて、ある国の領海が別の国の領海と接している場合は、どのように「海の国境」を決めるのでしょうか。そのような場合、国連海洋法条約では当事国同士で決めることになっています。そのため、お互いに主張を譲らず、洋上の国境をめぐって係争中という海域や、あえて決めないことにしている海域が数多くあります。

一方、経済協力などと絡めて、平和的な話し合いによって境界線を決めたケースも多々あります。

●接続水域

接続水域とは、領海内へ不法に入ってこようとする者や、犯罪者に対して取り締まりをすることができる海域のことです。設定できるのは、基線から24海里（約44㎞）の線までと定められています。

「水際《みずぎわ》で防ぐ」という言葉がありますよね。これは敵国の軍隊が上陸してくるのを阻止するときや、伝染病などが自国内に入ってこないように入国者を検査するときなどに使われる言葉です。まさにその「水際」に相当するのが接続水域です。密輸入、密入国、通関、伝染病や特定外来生物などが取り締まりの対象とされます。

●排他的経済水域《はいたてき》(EEZ)

ニュースでよく耳にする言葉です。排他的経済水域では他の国に邪魔されることなく、自由に漁業や、石油や鉱物など天然資源の採掘や、科学的な調査を行うことができます。基線から200海里(約370㎞)を超えない範囲で設定でき、その権利は海底とその下にまで及びます。世界的には英語のExclusive Economic Zoneを略した「EEZ」という呼び方が定着しています。排他的経済水域の特徴として、領海のような強い権利は発生しないということに注意が必要です。沿岸国は、漁業・天然資源の採掘・科学的な調査経済活動といった経済活動のほかは、この水域を独り占めできません。たとえば、他国の船が通行したり、上空を航空機が飛んだりするのを禁止することはできません。また他国が海底ケーブルやパイプラインを敷設するのを禁止することもできません。

排他的経済水域は、領海や接続水域に比べてはるかに大きな範囲を設定できるため、近隣国と重なってしまうケースがより発生しやすくなります。やはり原則は当事国間で決めることとされているため、境界線をめぐって係争中であったり、あえて境界線を決めないことにしたり、話し合いによって決めたりと、いくつかのパターンがありえます。

領海、接続水域、排他的経済水域と延長大陸棚

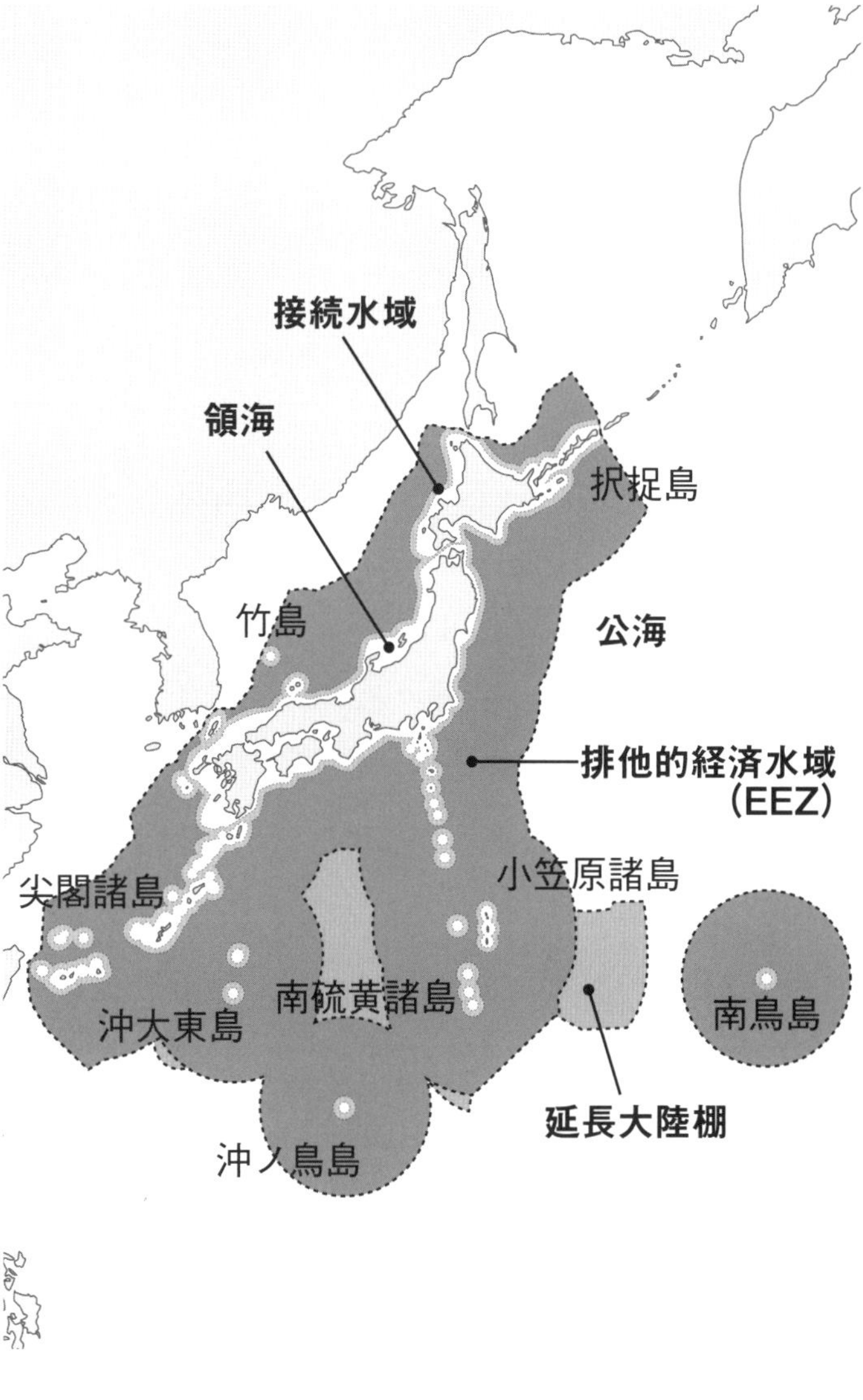

●大陸棚《たいりくだな》の延長

排他的経済水域と同じ権限が与えられるものに「大陸棚」があります。現在の200海里の排他的経済水域がルールとして定められる以前に、同じような考え方で、大陸棚を独占的に管理できるという緩やかな合意がありました。

大陸棚とは、陸地から周囲に続く水深200mくらいまでの比較的浅い海域のことです。地形として領土部分と一体的な構造になっているというのが、権利を主張する根拠です。しかし、大陸棚であるかどうかは、あまりにも判断が難しいため、最終的にはより明快な200海里の排他的経済水域に集約されていきました。多くの大陸棚は200海里より内側にありましたが、この決定以前に200海里以上の範囲に大陸棚を主張していた国にとっては不満が残るものでした。

その対策として、大陸棚限界委員会に申請された場合、委員会が条件を審議の上、大陸棚の延長を認めるかどうかを判断することになりました。ただし認められる場合でも限度があり、最大幅は領海の基線から350海里の線、または2500mの等深線（水深の等しい点を結んだ線）から100海里沖合の線と定められています。

日本も２００８年に大陸棚延長の申請を行い、その結果、２０１２年４月、沖ノ鳥島《おきのとりしま》北方の四国海盆《しこくかいぼん》海域と、沖大東海嶺南方《おきだいとうかいれいなんぽう》海域、および小笠原海台《おがさわらかいだい》海域と南硫黄島《みなみいおうじま》海域で延長が認められました。

● 公海《こうかい》

どの国の領海でもなく、どの国の排他的経済水域でもない海を「公海」と言います。どの国にも属さず、どの国も自由に使用できるのが特徴で、これを**「公海自由の原則」**と言います。国連海洋法条約では、具体的に、航行の自由、上空飛行の自由、漁獲の自由、海底電線・海底パイプライン敷設《ふせつ》の自由、人工島など海洋構築物建設の自由、海洋科学調査の自由を明文化しています。ただし、他国にも同じように公海自由の原則がありますので、それを考慮しなくてはいけないとも定められています。

「法の支配」が日本の基本姿勢

「海の憲法」と呼ばれる国連海洋法条約の解釈や適用をめぐって紛争になったときは、裁判で争うことができます。当事国間の交渉など、平和的解決ができない場合、国際海洋法裁判所の裁判官が審理を行い、判断を示します。提訴する裁判所は、国際海洋法裁判所のほか、国際司法裁判所、仲裁裁判所、特別仲裁裁判所でもよいのですが、多くは国際海洋法裁判所の専門の裁判官が担当します。

日本は国際海洋法裁判所の運営に必要な分担金をもっとも多く支払ってきたことで知られています。また過去には山本草二氏と柳井俊二氏というふたりの裁判官を輩出しました。特に柳井氏は２０１１年から３年間にわたり裁判所所長まで務めています。

こうした面でも、日本は海洋の「法の支配」に多大な貢献をしてきたといえるのです。

７月の第３月曜日は国民の祝日「海の日」です。海の恩恵に感謝するとともに、海洋国日本の繁栄を願うというのがこの祝日の趣旨です。

この「海の日」、いまはハッピーマンデーになりましたが、もともとは、１８７６年に、明治天皇が東北御巡幸をされ、横浜港に帰港された日であり、また１９９６年７月20日に、日本で国連海洋法条約が発効した日なのです。

日本は海洋国家として、「法の支配」という価値観をともにできる国々との連携を強化していくことが大事です。

日本の海について学ぼう

ここまで、海洋の「法の支配」を理解する上で必要な「海の憲法」、国連海洋法条約について説明してきました。ここからは、その基本的な理解をベースに、より具体的に日本の海を見ていくことにしましょう。

領海基線から12海里の「領海」、24海里の「接続水域」、200海里の「排他的経済水域（EEZ）」、そして延長された「大陸棚」について、地図を見ながらで復習してみてください。

●北東部

まず北海道の東端、北方領土に注目してください。南北2列に並んでいます。南側は比較的小さい島、西から歯舞《はぼまい》群島、色丹《しこたん》島。北側には国後《くなしり》島、択捉《えとろふ》島。この4島の位置関係と名前は正しく覚えましょう。4島は日本固有の領土ですが、1945年の第二次世界大戦終了後からソ連（ソビエト連邦＝現在のロシア）が不当に占領・実効支配しています。

日本北東部のEEZ

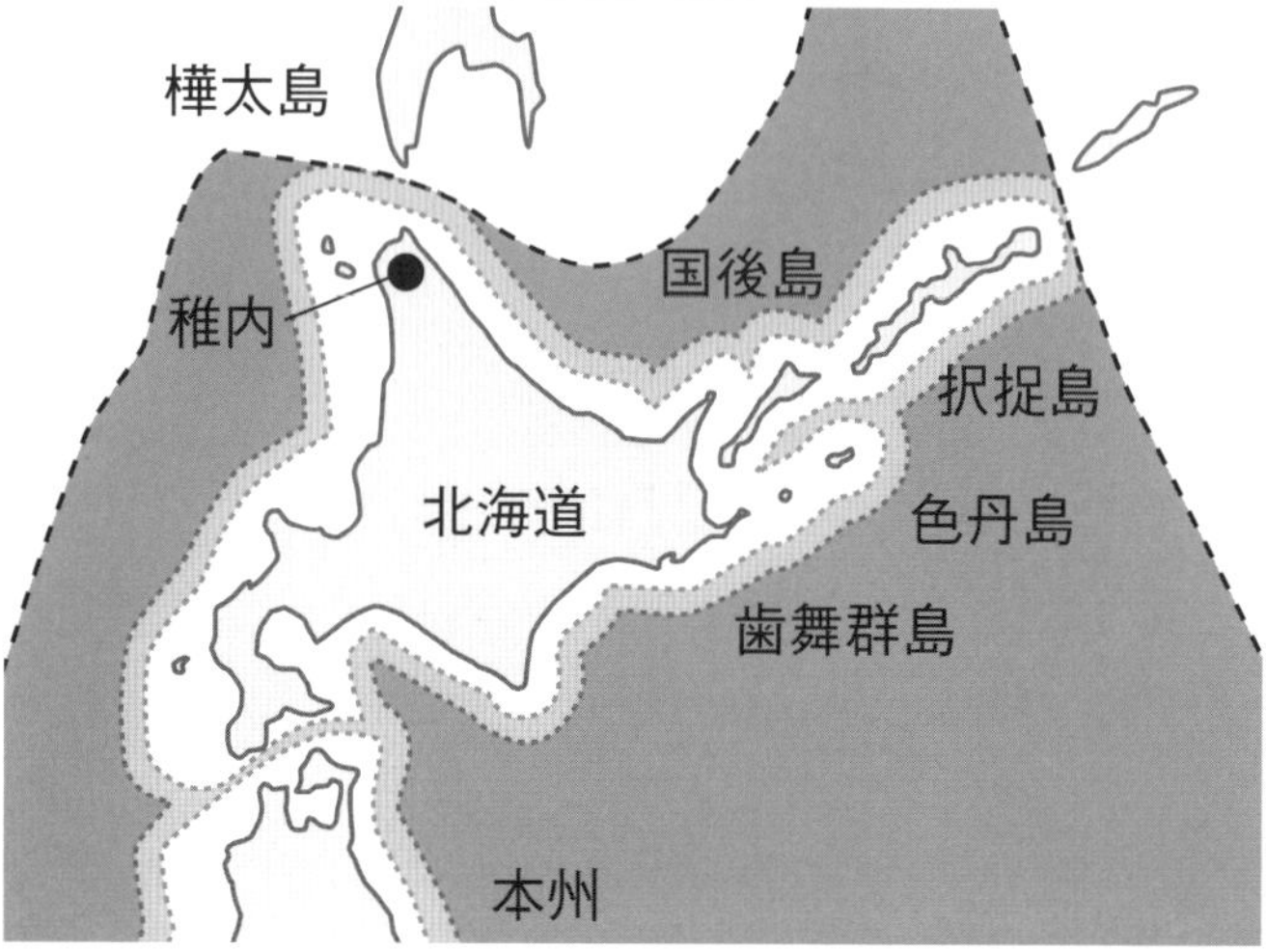

当然、4島の周囲には日本の領海と排他的経済水域が拡がっているのですが、ロシアも自説を主張しているため、両国間では係争中という扱いになっています。稚内《わっかない》のあたりは、海の北に樺太《からふと》島が迫っているため、排他的経済水域がとれない部分があるのがわかると思います。また北海道西側の排他的経済水域は、ロシアの排他的経済水域と重なるため、双方の中間線で分けて、平和的に運用されています。

2016年9月5日、奥尻島の西、約200~250㎞の排他的経済水域に北朝鮮が発射した弾道ミサイルが落ちたことが報道されました。このあたりはとても有名なイカの漁場であり、タンカーなどの航路に

日本北西部のEEZ

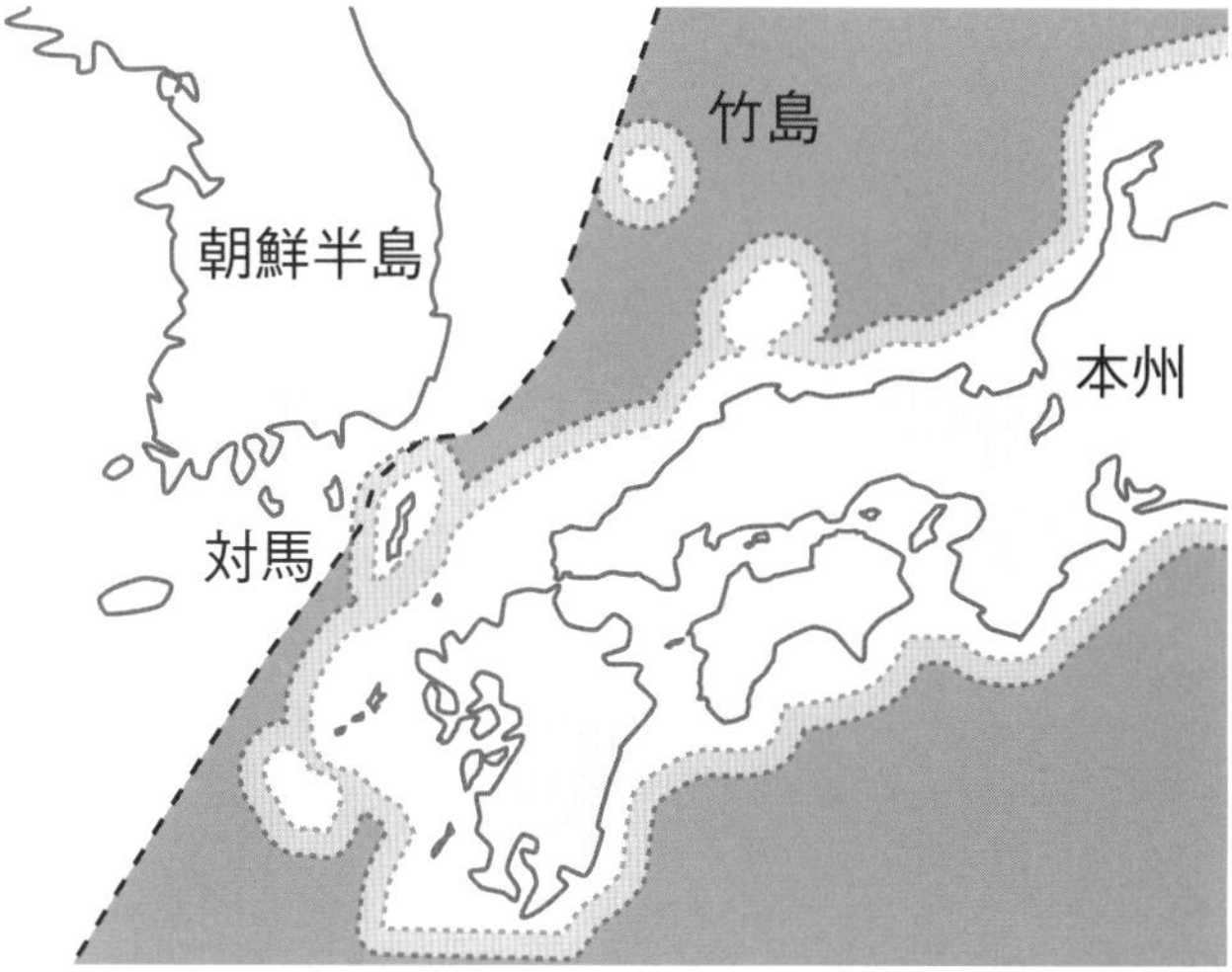

あたります。人的な被害がなかったとしても、日本の経済的権益が及ぶ水域にミサイルが撃ち込まれたことにかわりはありません。こうした暴挙を、まるで当たり前のことのように流してしまってはまったくいけません。

●北西部

九州の北西、対馬《つしま》（長崎県）のあたりは、韓国との距離が近いため、排他的経済水域はもちろん、接続水域すら確保できないところがあります。それも含め韓国との間では話し合いの末、排他的経済水域の境界線を、条約として定めています。

その一方で、大きな問題なのが日本海南

日本南東部のEEZ

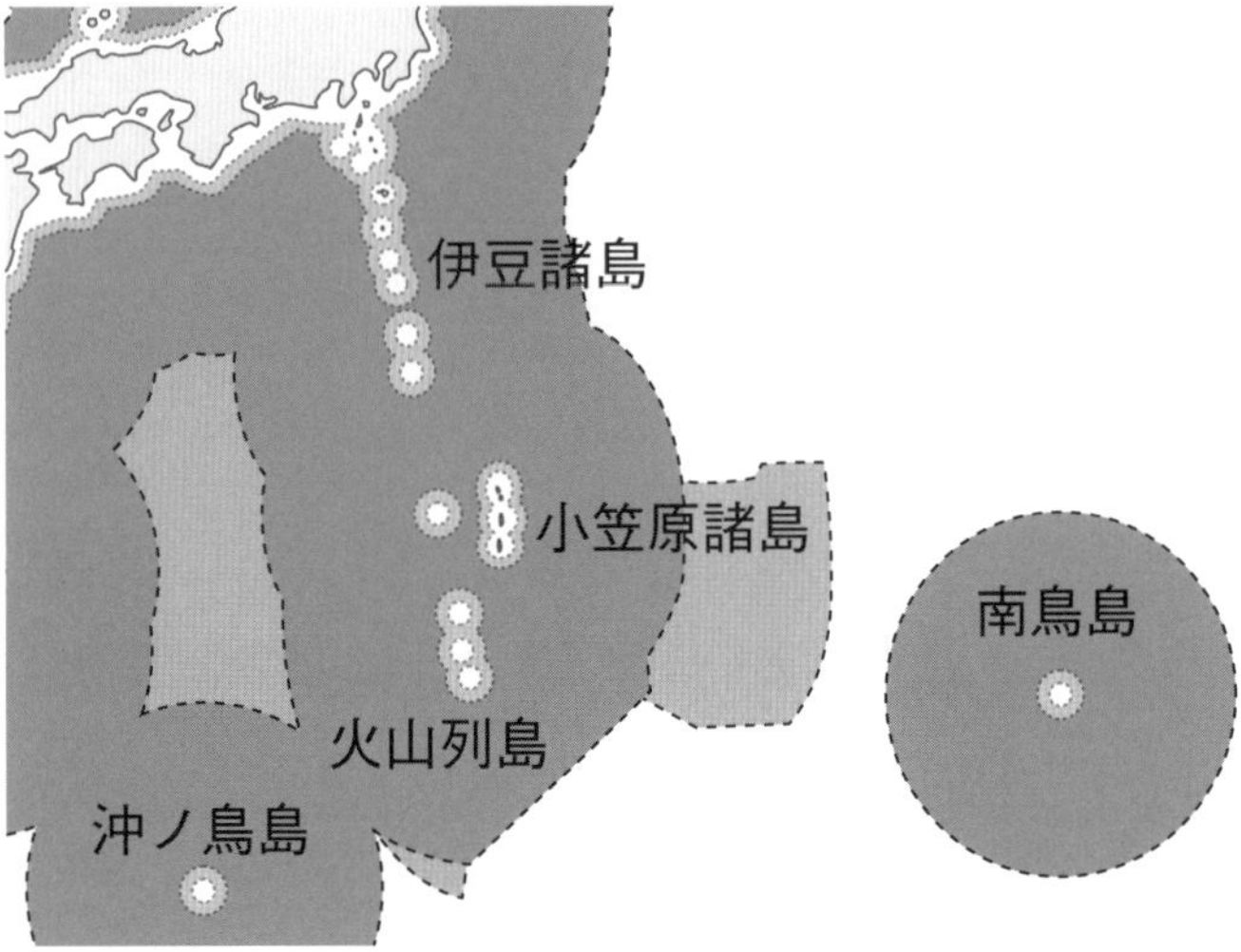

西部の竹島（島根県）です。現在は韓国が武力により不法に占領し、実効支配を続けています。したがって竹島周辺の領海や排他的経済水域の境界線は、係争中の扱いになっています。

●南東部

伊豆諸島から小笠原諸島へと排他的経済水域が延びています。そのはるか東に、日本の最東端の島・南鳥島《みなみとりしま》（東京都）があります。日本で唯一、他の島と接していない独立した排他的経済水域です。周辺から高濃度のレアアースが発見されたことが話題になりました。日本にとっては、位置的にも、資源的にも非常に貴重な領土です。

南東部に延びるこれらの島々には「鳥」という字が多く使われています。それには面白い理由があるのです。明治時代、これらの無人島に日本人が進出したのは、当時非常に高価で取引されたアホウドリの捕獲のためでした。それによって巨万の富を得た人もいたのだそうです。

結局、最終的にアホウドリは乱獲により一時は絶滅の危機に瀕《ひん》するようになってしまいました。でも、それによって日本は貴重な領土と、広大な排他的経済水域を確保することができたのです。

● 南西部

小笠原諸島の並びより西寄りに、日本最南端の島・沖ノ鳥島（東京都）があります。この島の存在により日本は領土面積より広い排他的経済水域が設定できました。また、この島があることによって小笠原諸島と大東諸島の排他的経済水域がつながっています。

その中間には日本のどの基線からも200海里以内にない「四国海盆海域」と呼ばれる公海部分があり、延長大陸棚として認められました。そのとき、大東諸島の南西部にも延長大陸棚が認められています。

日本南東部のEEZ

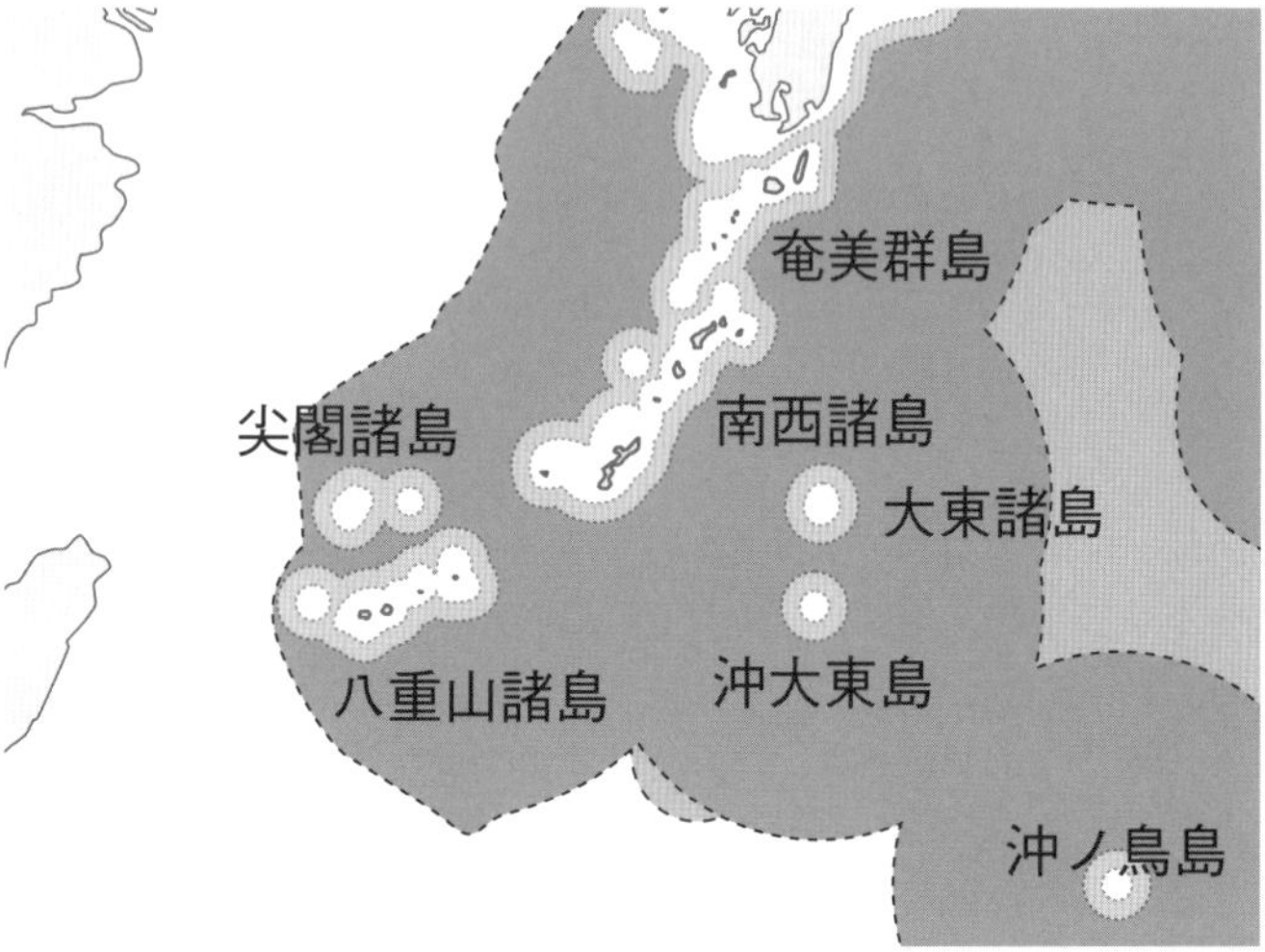

南西諸島の北、東シナ海では中国との距離が近いため、排他的経済水域の境界が決まっていない部分があります。

尖閣《せんかく》諸島は日本の領土として、日本が管理しています。ですから日本としてはここに領土問題はないという立場です。しかし領有権を主張する他国があり、特に中国は挑発的な示威行為をしかけてきています。これに対しては、国内法に照らして、海の警察である海上保安庁が対応しています。

以上、安全保障を理解する上で、重要になる言葉についての解説でした。

次にみなさんからの素朴な疑問についてお答えします。

Q　集団的自衛権が認められたら徴兵制《ちょうへいせい》が始まるってホント？

A　ありえません。そもそも憲法は徴兵制を認めていません。

「集団的自衛権が行使されると、戦争をしている同盟国のために自衛隊が戦場へ出かけていかなければならない。そうなると、戦場に赴《おもむ》きたくない隊員がどんどん辞めてしまう。だから、これから日本は徴兵制をしくことになるのでは？」

実際に国会で、こんな質問が出ましたし、現在でもなお一部で囁《ささや》かれています。

徴兵制につながるから、集団的自衛権はよくないというわけです。

これはかなり極端な考え方です。

まず、憲法第13条および**憲法第18条では徴兵制を認めていません**。これを導入するには憲法を改正しなければならないのです。国民が希望し、決断しない限り徴兵制が実施されることはありません。それに自衛隊には、黙っていても隊員が集まるわけではありませんが、地方協力本部の募集努力などにより、徴兵制を行わなくても十分人材が集まります。

また、**無理に集めて素人同然の隊員を増やしても、近代兵器を扱う現代戦で戦力になるとは考えられません。志願制だからこそ厳しい訓練に耐えうる強い意志が生まれます。**

むしろ大事なのは、いまいる隊員たちのモチベーションをしっかり保ってあげること。そのためには、彼らに名誉と誇りと権限を与えることです。活動中に何かあったときの補償を含めて、きちんとしたものを提示するのは、政治の役割だと思います。

Q 自衛隊が暴走する危険はないの?

A 文民統制がしっかりとられているので、暴走はありえません。

自衛隊が暴走するというのは、政治家や国民の意思に反して積極的に軍備を増強し、日本を戦争するように仕向けるようになるのでは……ということかもしれませんが、これは、戦前の歴史をむりやり現代にあてはめた、こじつけだと思います。

日本人はそれほど愚かではありませんし、自衛隊員だって、いや、危険にさらされる可能性の高い自衛隊員だからこそ、誰よりも平和な世の中を望ましいと考え、戦争を心から憎んでいます。一番慎重なのは現場の自衛隊員だと思います。それに、日本の基本方針としては、集団的自衛権を行使する際、必ず**国会の事前承認を必要とします**。つまりこれが、文民統制(シビリアンコントロール)です。文民統制とは、軍人でなく文民(政治家など)

が軍隊をコントロールすることです。政治家を選ぶのは国民ですから、間接的ですが国民が軍隊（日本の場合でいえば自衛隊）をコントロールしていることになります。

Q　集団的自衛権を行使すると戦争がしやすくなる？

A　いいえ。集団的自衛権は、むしろ戦争を抑止するためのものです。

これはまったくの誤解と断言しましょう。

常識的に考えれば、いかなる国にも他国と戦争するメリットはありません。現在はほとんどの国が近代的な軍事力を備えています。その周辺諸国も黙ってはいません。戦争をして一方的な勝利を収める可能性は、ゼロに等しいといえます。

多くの尊い命が奪われ、莫大な資金があっという間に消える戦争が有益かどうかなんて、考えればすぐにわかることですよね。

戦争を望まないのは国民も政治家も同じです。もちろん、戦地に赴いて危険な任務に就く自衛隊員が戦争を望まないのは当たり前です。彼らにも愛する親兄弟、大切な配偶者や子どもたちがいるのです。

戦争を避けるにはどうしたらよいか。そのためのもっとも現実的な方法が、抑止効果のある集団的自衛権なのです。この権利を行使する国には、いかなる国も容易に侵攻することはできません。

むしろ集団的自衛権は、戦争を避けるために行使するものと考えるべきで、**平和安全法制は「戦争抑止法制」といえるのです。**

Q 憲法第9条がある限り集団的自衛権は行使できないのか?

A 集団的自衛権は国連が認める権利です。憲法にも禁止する記述はありません。

憲法第9条が別名・平和憲法と呼ばれているため、このような誤解が生じているものと考えられます。

確かに、憲法第9条は戦争の放棄を謳《うた》っています。

しかし、憲法第9条は侵略戦争を放棄しているのであって、どこにも集団的自衛権を行使できないとは書かれていません。

国連は「個別的自衛権」も「集団的自衛権」も認めています。日本も国連加盟国ですから、他国同様、当然これらの権利を有しています。

たとえばタイ王国もパプアニューギニアも集団的自衛権を有しています。すなわち、日本が集団的自衛権を限定的とはいえ行使ができるようになると、戦争ができる国になるという論法は、タイ王国を見てもわかるように、乱暴な主張だと思います。国連の理念と日本国憲法の理念は一致していなければならないはずです。

それを、日本政府が１９５４年に自衛隊を発足させたとき、憲法第９条をよりどころに、日本を守る自衛の手段として自衛隊を認めたのです。

そして「個別的自衛権は認めるが集団的自衛権は認めない」という政府見解を１９７２年に出しました。

これはあくまでも当時の安全保障環境に照らした場合、自衛の措置には集団的自衛権は入らず、「自衛の上限は個別的自衛権です」との〝あてはめ〟をしたわけです。よって日本を取り巻く環境が厳しくなれば、「日本を守るために自衛の措置の上限に限定的な集団的自衛権は入ります」との〝あてはめ〟も理論上、可能となるわけです。

重ねて言いますが、憲法第９条のどこにも集団的自衛権を認めないと読める部分はありませんし、そもそも**集団的自衛権は、侵略のための武力行使を認めるものではありません。**

Q　日本の平和憲法は世界から尊敬されているんじゃないの？

A　日本の憲法を知っていながら緊張関係にある国もあります。

戦後日本が平和でやってこられたのは、平和主義を掲げ、他国もそれを尊重してくれたからだ、という考え方ですね。その土台にあるのが、平和憲法であると。

反対に、集団的自衛権を認めると、もう日本は平和主義じゃない＝尊敬できない、と他国から思われてしまうのではないかと恐れるわけです。

けれども、**武力の行使を否定する憲法を持った国は日本だけではありません。**だから、日本の憲法第9条だけが尊敬されている、などということはありません。

それ以前に、日本が平和憲法を掲げているかどうかなど、まったく知らない国はたくさんあるのです。仮に知っていたとしても、**そのことを理由に日本を攻撃するのは止めよう、などと考える国はありません。**

日本がこれまで平和でいられたのは、日米安保条約および自衛隊の汗のおかげと言ってよいでしょう。アメリカという強大な国と同盟を結んでいる日本には、うかつに手が出せないのです。

むしろ、平和憲法を掲げている以上、日本はよほどのことがない限り、やりかえしてこないはずだと考えているのが、いまの中国や北朝鮮です。「平和主義」と現実の「平和」は違います。平和主義を掲げているから日本が平和になるわけではありません。

Q 紛争解決には武力より話し合いが大事なのでは?

A 話し合いは大事ですが、対等な関係は対等な軍事力があってこそできるのです。

確かに話し合いは大事です。話し合いで紛争が解決するのなら、絶対にそのほうがよいと私も思います。

ですが、こういう問題が起こりえます。ふたつの国が、互いに領有権を主張し合う土地があり、どちらも一歩も譲らないとしましょう。そこで話し合いをすることになりましたが、片方の国はとても強い軍隊を持っています。しかし、もう片方の国は、その何十分の一程度の軍隊しか持っていません。

その場合、より強気な態度に出ることができるのは、強い軍隊を持っているほうの国です。その軍事力を利用して、近隣諸国を味方につけることだってできます。

理想論だけでは問題は解決しません。対等な話し合いの場を作るには、まず対等な軍事力を持つことも、現実の外交なのです。

強い武力を備えていても無闇《むやみ》にそれを行使せず、話し合いで紛争を解決しようとする国は、他国からも尊敬を集める場合も多いでしょう。

Q 集団的自衛権の行使はアメリカの片棒を担ぐだけでは？

A 日本がアメリカを自分たちの紛争に巻き込む可能性だってあります。

「片棒を担ぐ」には、計画に加わって協力する、という意味があり、多くは悪いことの意味で使います。たとえば悪事の片棒を担ぐ、といった感じです。

「アメリカの片棒を担ぐ」という言い方からは、さまざまな脅威にさらされている、あるいは脅威を与えているアメリカに対し、日本が助太刀《すけだち》するという上下関係でとらえようとする批判的な考えが読み取れます。

本来なら関わらなくても済むアメリカの戦争に、日本が巻き込まれるおそれがあるというわけです。

しかし、**日本の防衛のためにアメリカを外交的にも、軍事的にも巻き込んだほうがよいケースもあります。**

日本が自らアメリカと協力関係を結ばなければ、アメリカもそんな日本と対等に付き合おうとは思わないでしょう。

有事になって初めて協力しましょうと持ちかけても遅いのです。日頃からのお付き合いが、いざというときの防犯、防災の助けになるという経験はみなさんもお持ちでしょう。国と国とのお付き合いも、それと一緒なのです。

Q　自分の国は自国の軍事力だけで守るべきでは?

A　個別的自衛権だけが存在する世界は軍拡競争を招きます。

もちろん、自分たちの国は自分たちの手で守るのが原則で、その考え方もある程度は必要なことでしょう。

ただし、ひとつの国で持つことのできる武力は限られています。

目の前にある他国からの脅威が強大なものだったら、それと釣り合うだけの武力をこちらも備えなくてはいけません。

でも、相手が核保有国だったら、こちらも核を保有しない限り絶対に力のバランスはとれません。**すべての国が、この理屈で個別的自衛権だけを行使したら、世界中に軍拡競争が起きてしまいます。**

これは大変に危険なことです。国連が集団的自衛権を国の権利として認めているのも、こうした軍拡競争が世界で起きてしまわないようにするための、いわば抑止力があると考えているからです。

自国の軍事力だけを頼みにせず、他の国々と同盟を結ぶのは、決して恥ずかしいことでも、卑怯《ひきょう》なことでもありません。

Q　アメリカと組むとテロの危険が増えるんじゃないの?

A　テロは世界のどこでも起こる可能性がある。アメリカのノウハウは絶対に必要です。

これは、個別的自衛権と集団的自衛権と、どちらの権利を行使するべきかという議論ともつながってくる問題です。日本で起こるテロだけを問題にするのなら、個別的自衛権だけでも十分動けるでしょう。

アメリカと手を組むことで、アメリカと敵対する諸国や組織からテロの目標になる可能性はゼロではありません。

しかし、テロはアメリカだけで起こるものでもありません。国際テロというのは、アメリカだけでも、もちろん日本の周辺だけでもなく、ヨーロッパでも中東でも、アフリカでもアジアでも、どこでも起きる可能性があるのです。

そしてアメリカにもその他の国々にも、日本人はたくさん住んでいます。そうした我々の同胞を、見殺しにすることはできません。

そんなことをすれば、諸外国からも「日本とはそういう国なのだ」という目で見られてしまうでしょう。国際的に孤立することは明白です。国際社会の一員として、テロに毅然《きぜん》と立ち向かうことが大事なのです。グローバルなテロ対策は国際連帯がカギとなるのです。

また、大きなテロの被害を受けた経験のあるアメリカと協力体制をとることで、テロを未然に防ぐノウハウが得られるメリットのほうがはるかに大きいのです。

Q 武力行使ができなくても資金援助で国際協力できるのでは?

A「お金は出すけど汗はかかない。でも守って」では、諸外国から信用されません。

たとえば、こんな状況を考えてみてください。

日本の近海で、日本の安全を脅かす他国からの脅威が発生したとします。そこでアメリカが、同盟国である日本のために自国の軍隊を出動させました。

また別のとき、中東で、アメリカを含む国際社会の安全を脅かす某国からの脅威が発生しました。けれども、個別的自衛権しか認めていない日本は、日本から遠く離れた地域の紛争であることを理由に、自衛隊の出動を見送りました。

自分の敷地内の安全を守るためには武力を使っても、仲間や国際社会の安全のためには汗をかかない。こういう国を、同盟国や国際社会はどういう目で見るでしょう。きっと「ひとりよがり」とか「信用ならない国」などと思われるはずです。

代わりに多額の資金援助をします、といっても、軍隊を派遣した国と、資金協力だけに徹した国とでは、感謝のされ方、信頼の受け方がまるで違います。

湾岸戦争のときがそうでした。日本は90億ドルもの資金を提供しましたが、終戦後、クウェート政府が感謝の意を表した国々の中に、日本の名前はなかったのです。

一方で、日本には憲法第9条があります。海外での武力行使やフルスペックの集団的自衛権は行使しませんが、憲法第9条の枠内で自衛隊による後方支援や人道支援、あるいは限定的な集団的自衛権の行使を可能にしたのが「平和安全法制」なのです。

Q　後方支援する場所が戦闘に巻き込まれる危険だってあるのでは?

A　前線と後方支援地域とでは危険度がまるで違います。

自衛隊の後方支援については、しばしば荒っぽい議論が展開されています。「危ない」「狙われる」と言われますが、実際に自衛隊が後方支援を行うのは「実施区域」のみで、戦闘が行われていない場所の一部を実施区域とし、この中でしか活動できません。これはいままでも、これからも変わりません。

現場は各部隊の責任区域が決まっており、たとえば自衛隊がA空港からB空港まで物資を運んだあとは、対象部隊（たとえば米軍）が自隊の輸送部隊で第一線に運びます。後方支援実施を「危険だ」という人は、前線で戦う米軍と、自衛隊が入り乱れて地べたを這いずり回り、武力行使に及ぶかのような状況を思い描いているのではないかと思います。

しかし、それは想像だけのフィクションにすぎません。そう説明しても、「兵站こそ狙われる」「糧道を断つのが戦争の常道だ」という論理を持ち出す人はいます。

確かにそれは大きな戦争の常道ではあるでしょう。しかし国連のお墨付きがある、すなわち米英仏露中の支持を得て設立される多国籍軍への後方支援ですから、イラクやアフガニスタンでの例に見られるように、前線を通り越して後方にいる自衛隊を叩く能力を持つような相手との戦闘になる可能性は、ほぼないといえます。

Q 他国の軍隊が敵から襲われた場所に駆け付けると、自分たちも危ないのでは?

A 駆け付け警護は日本の民間人や自衛隊員の救出が原則です。

他の国の軍隊が襲われていて、それを自衛隊が助けに行く。当然爆弾や銃弾が飛び交う中での活動になる……こうした状況を想定して集団的自衛権の行使に反対する人たちもいます。いわゆる「駆け付け警護」の一例ですが、現実の世界としては想定しづらい状況です。普通、国連PKOで自衛隊が派遣される場所の近く、たとえば他国の歩兵部隊宿営地に、まともに攻撃が仕掛けられるようなことはありません。まず起きないといっていいでしょう。

さらに、軍隊が軍隊を守ることを、普通は想定しません。軍隊は自分で自分の身を守るのが原則です。たとえば、本当に小さな部隊が襲われているときに、それを助けに行くということはありえますが、複数の軍隊が重なっているところへ攻撃が仕掛けられることは普通はありえません。駆け付け警護というのは、通常、現地の日本人やNGOから救援要請があった場合や、同じ自衛隊員が危険にさらされたときに行うことを主に想定します。治安が安定していない地域に行くわけですから100%安全でないことに違いはありませんが、**他国の軍隊を助けに行くのと一緒にするのは、あまりに現実離れした考えです。**平和安全法制について議論するにしても、その点はしっかり分けておく必要があります。

Q　自衛隊と軍隊はまったく別もの？

A　自衛隊の立場が曖昧《あいまい》なのは複雑な成立事情から。これからも議論が必要です。

この質問にお答えするには自衛隊の誕生についてお話ししなければなりません。

そもそも「自衛隊」とは何か？

先の大戦での敗戦後、日本は連合国軍の占領下におかれ、陸軍も海軍も解体されました。そこで結成されたのが自衛隊の前身である警察予備隊です。

憲法上からくる枠組みとしては「警察の大きなもの」と言っていいでしょう。単に国内の治安を守るだけでなく、当時、朝鮮半島では戦争が激しさを増してきており、最悪のケースを考えた場合、自衛のための必要最小限の戦力・装備が必要になっていたからです。本来ならば軍隊を再建するのが手っ取り早かったはずですが、憲法第9条の法的解釈が曖昧なまま、結成されてしまったわけです。

その後、保安隊への改組を経て、1954年7月1日、正式に自衛隊が発足。この段階でいまと同じような組織の枠組みは整っていました。ただ、このときも法的な枠組みとしては「警察の大きなもの」のままで、そうした捻《ねじ》れた生い立ちが、現在まで尾を引いていています。自衛隊を簡単に説明しなさいと言われたら**「軍隊のようで、軍隊ではないもの」**と答えるしかありません。

「そもそも自衛隊って何?」ということについて明確な回答を導き出せるよう、国民みんなで考える時期にさしかかっているのではないか、と思います。

Q 海外派遣された自衛官には自殺者が多いって本当?

A 一般の自殺率と比べても低いのが事実です。

海外派遣のリスクを言い立て、部隊をどう運用しているのかを知らずにただ「危ない」というイメージを打ち出したいだけの人たちから湧き起こる議論ですね。

イラクとインド洋に派遣された自衛官の自殺者の人数が発表されたとき、一部の野党はあえて「犠牲者」という言い方をしていました。

派遣中の現場の努力もあり、全員が任務を遂行して無事に帰って来ましたが、帰国後、11年間の間にさまざまな要因から自ら命を絶った方が、インド洋派遣、イラク派遣を合わせて54人おられる、という数字です。これが独り歩きしています。

その中で実際に公務災害認定を受けたのは4人です。派遣された自衛官のうちの54人という割合は一般の自衛官の自殺死亡率と比べても低く、また一般成人の自殺死亡率と比べても低いのが実情です。

派遣後11年の間に、さまざまな要因から不幸にも自ら命を絶たれた人まで「犠牲者」として、あたかも派遣と自殺に因果関係があったかのように結びつけてレッテルを貼る。イラクやインド洋への派遣が原因であるかのような印象を押しつけようとしたのです。

実際に現場に行かない人たちが、うわべの話だけであたかも自衛隊員の身を案じているかのようにリスクを論じている様子を、多くの自衛隊員は冷めた目で見ていました。

Q 自衛隊は外国の軍隊よりも弱い？

A 一概にはいえないが、データ上、決して弱いとはいえません。

自衛隊は専守防衛が基本なので、自分から攻撃するのは苦手です。たぶん、そんなイメージから、他国の軍隊よりも弱いと考える人が多いのでしょう。

これは、そう簡単に答えられる問題ではないのです。

ひとくちに強いといっても、強さにはさまざまな基準があります。保有する艦船の性能や、弾薬の量、隊員の数、予備兵力といった数値的なものから、それを運用する一人ひとりの能力、部隊全体での運用能力などなど。

また、どこの地域の軍隊と、どのような戦闘が行われるかで、同じ武力でも発揮できる力は変わることがあります。**有事法制、国民の協力といった支援体制を加えて判断すべき**

ことでもあるでしょう。

わかりやすく単純に武力だけを数値化してみるならば、日本の自衛隊が保有する艦艇は、総トン数で世界5~7位、作戦機の数は世界で20位、隊員の総数は世界30位といったところでしょうか。これは決して弱いといえる数字ではないと思いますが、みなさんはどう判断されますか?

Q　実戦経験のない自衛隊は海外では評価が低い?

A　目を見張る自衛隊の技術力と統率力。海外では高評価を受けています。

なんとなく想像のつくうわさですね。

自衛隊は実戦に参加したことがない。だから、他国の軍隊よりもグレードが落ちるだろう。そういうイメージなのでしょうね。

では、海外での評価は実際のところどうなのでしょうか。実は、**海外では極めて高い評価を受けているのです。**

その隊が日頃からどれだけ厳しい訓練を受け、しっかりとした統率がとれているかは、細かいところに表れてきます。たとえば、自衛隊の車両がやってきた時点で、海外の人たちはほかの組織とは明らかに違うと気づいてくれるそうです。

「直線、直角、3㎝以内」という正確無比な駐車方法を目の当たりにするからだと思います。日本の自衛隊は、他国の軍隊が「この程度でいいか」と妥協することでも、常に100点満点の仕事をすることを目標としています。車両の停め方ひとつにも、そんな彼らの姿勢がよく表れているのです。

明らかに他国の軍隊とは一線を画す高度な技術と乱れぬ統率力。自衛隊が海外で高い評価を受ける所以《ゆえん》です。

いまはSNS全盛の時代です。ネット上では真偽不明の情報が流れ、根拠のないデマがあっという間に拡散していきます。私もTwitterやブログで情報を発信し続けていますが、それにも限界があります。

どうか正しい知識を持った上で、現在の日本がどのような危機にさらされているか、そしてどうすれば平和を維持できるのかを一緒に考えていきましょう。

3限目

日本に迫る脅威・危機

日本の平和神話は幻想にすぎない

集団安全保障の理念が、世界の秩序を保つために必要なものであることは、「1限目」の話から理解いただけたことと思います。「日本は戦後、平和憲法を世界に向けてアピールしてきたから、戦争に巻き込まれず平和な世の中でいられた」という考え方は、もはや現在の安全保障環境では通用しにくくなっているということも説明いたしました。

では具体的に、どのように変化してしまったのでしょう?

いま、日本の近海では数え切れないほどの国家主権を脅かす事案が発生し、領土問題にまで発展しようとしています。遠い世界のどこかで起きている問題では決してありません。まさしく私たち日本国民の生活と直結した、身近に存在する脅威なのです。

そのことを知っていただくために、まずはみなさんにご覧いただきたいものがあります。86〜87ページに掲載した、日本戦略研究フォーラムが製作した『東アジア地勢図』です。

まずはそこに何が描かれているのか、じっくりと眺めてください。

みなさんはこれを見て、どのような印象を持ちますか?

この地図は、ユーラシア大陸側から太平洋側を眺めた視点で描かれた、いわば「逆《さか》さ地図」です。最初はこれが日本列島であることすら認識できなかったかもしれませんね。

上に北海道があって、本州、四国、九州、沖縄と下に連《つら》なっている地図であればいつも見慣れていて、日本人にとってはもっともしっくりくる地図でしょう。あの地図を見ていると、日本列島というのは四方を海に守られた、本当に平和で安全で、とても穏やかな国だな、と思えてきます。

でも、こうして向きを変えて見たらどうでしょう。途端に、それが幻想にすぎないことを思い知らされるのです。

大陸側から見ると、北東の択捉島《えとろふとう》から、南西の与那国島《よなぐにじま》に至る日本列島は非常に長く、太平洋へ進出しようとしても、まるでフタをするように行く手を阻みます。

そうです、極東アジアの国々にとって日本列島はとても邪魔な存在なのです。

それらの国々にとっては、「この島さえ日本からとってしまえば、楽に太平洋に出られるようになる」というポイントがあります。

日本との間で領土問題になるのは、決まってそういう島です。歴史的背景などともっともらしい理由をつけますが、単純に通り道としてその島が欲しいということなのです。

製作:日本戦略研究フォーラム

東アジア地勢図
正距方位図法(北京中心)
1:16,500,000
凡 例
国界
地方界(中国・ロシア)
日中中間線
人口100万人以上の都市
人口50万人~100万人未満の都市
人口50万人未満の都市
首都
州・省都 県庁所在地(日本)
主な道路
主な鉄道
水深
標高
日本の排他的経済水域 概念図
インドネシア共和国
ミクロネシア連邦
パラオ共和国
北太平洋
フィリピン共和国
日本国
中華人民共和国
ロシア連邦
日 本 国
大韓民国
朝鮮民主主義人民共和国
カムチャツカ半島
ロ シ ア 連 邦
Russian Federation

地図を見る方向を変えるだけで、海に守られた安全な国に見えるか、他国から邪魔な存在と目《もく》されて、絶えず狙われているように見えるか、こんなに変わるものだということをぜひ憶えておいてくださいね。

中国の究極の目標は、太平洋をアメリカと二分すること

日本がさらされている脅威に優先順位をつけるならば、上位にランクされるのが**「中国の海洋進出」**です。まずはここに焦点をあてていきます。

はじめにお断りしておきますが、みなさんの周囲にも中国から来た方がいるかもしれません。北京《ペキン》から来た友人、上海《シャンハイ》で働く同僚、あるいは観光客として日本を愛してくれる人々など、いまは昔と違ってグローバルな社会になりました。そのような民間レベルの交友関係、友好関係は本当に尊《とうと》いものです。2国の関係性を将来にわたって変える力になるかもしれませんので、それはぜひ今後も続けてほしいと思います。

これから私が話すのはあくまでも中国共産党政権、リーダーたちの話です。中国は事実上の一党独裁政権ですから、必ずしも民衆の代表が国を動かしているわけではないのです。

ですから、そこは分けて考えないといけません。中国の人民解放軍も政府の軍隊ではなく、中国共産党の軍隊です。

日本人は古くから孔子《こうし》をはじめ中国の偉人から多くのことを学んできました。しかしいま、中国と日本は同じ価値観を共有した「良い隣人」「良い友人」という関係にはないように思います。とても残念なことです。

それは中国のどのような価値観に起因するのでしょうか。**一番根深い要因は彼らの「国境は国力に応じて変化する」という考え方です。**「戦略辺疆《へんきょう》」というこの概念は、1987年に中央軍事委員会の機関誌『解放軍報』に論文として掲載されました。

世界の多くの国は、武力と武力を戦わせて物事を決めるやり方では、戦争につながってしまうことを学び、武力衝突を避けるための外交を重視するようになりました。

ところが中国は明らかに違うのです。西のチベットを武力で押さえて、西北のウイグルを自治区にし、北の内モンゴルまでも自治区にしました。そして内陸を手中にすると、いよいよ**南と東の「海」へと向かったのです。**

中国が1980年代に打ち出した海洋に関する計画によると、現状のアメリカ軍が太平洋とインド洋を支配している状況を変えて、2040年までには太平洋をアメリカと二分することを目標にしています。

その中間段階として、2020年までに空母戦闘群を3個編成にするとの目標も聞こえてきます。

いま現在、世界の海上兵力はアメリカのひとり勝ちですが、時間をかけて少しずつ変えていくつもりなのです。

覇権《はけん》を目指す3つの戦い

なぜ中国はこのような「覇権主義」に至ったのでしょう。

もしかすると、国連安保理常任理事国の大国であるはずなのに、〝戦勝国の果実〟を中国だけが十分に得られていないと思っているのではないでしょうか。

戦後、先に欧米諸国が十分に発展したのに対し、中国は国内が安定し、ようやく追随《ついずい》できるようになると、関税やら検疫から為替、環境問題……など、なにかと制約を受けている——そんな屈折した心理と境遇が、覇権主義に走らせたのかもしれません。

もうひとつ、一党独裁という支配体制は、常に国内の政敵との権力争いにさらされ、それに勝ち続けなくてはなりません。いつでも失点は許されず、得点をあげていなくてはなりません。そこで、権力闘争には、「共通の敵」と戦うことと、**常に「進軍」を続けることが必要不可欠になるのです。**

さて、中国では戦いにあたり、3つの要素が重要だと考えています。2003年に改訂された「人民解放軍政治工作条例」には、**「世論戦」「心理戦」「法律戦」の3つを、「三戦」として提示しています。**

世論戦とは、戦いながら、いかに国内外の支持を集めるかということ。評判を上げれば得点、下げれば失点です。手法としては、重点打撃と情報管理が挙げられています。

心理戦は、相手を威嚇《いかく》し萎縮《いしゅく》させ、戦闘意欲と能力を下げることです。宣伝、威嚇、心理防御といった手法を使います。

法律戦は、国際法の解釈や国内法の制定という理論武装によって、自国を優位に立たせることです。

しかし、この「三戦」について、私は必ずしもすべてがうまくいっているとは思えません。こういう小手先の戦術をとればとるほど、国際社会からは尊敬されず、むしろ軽蔑されることになっていると感じるのです。

南シナ海には「中国問題」のすべてがある

では、いま中国が世界でやっていること、その驚くべき真実へと話を進めていきましょう。まずは南シナ海の領有権問題です。

南シナ海は中国南岸に広がる海域です。日本に近い東シナ海と、東南アジア側の南シナ海はちょうど台湾によって区切られています。台湾の西岸からフィリピンの西岸を通って南に延びる海域は、ちょうど南のブルネイ、マレーシア、西のベトナムに囲まれて、まるで巨大な内海のようにも見えます。

中国はまさにここを自国の内海にしようとしているのです。

とはいっても、現状は近隣の国々の領海、排他的経済水域であるか、公海であり、それぞれが秩序を持って漁業を行っています。

この海域内には、環礁《かんしょう》や岩礁という地形が無数にあります。環礁とは珊瑚礁《さんごしょう》によってできた環状の中州《なかす》のようなものを言います。それらの多くは干潮時に水面からわずかに顔をのぞかせるかどうかというもので、このような地形を「低潮高地」と言います。

周辺諸国がその「島のようなもの」の領有を主張しても、これまで中国は何も言っていませんでした。その頃はおそらく広大な大陸の国土にばかり関心が向いていて、海にはたいして興味がなかったのでしょう。

中国がこの海に興味を示す前に、この海域を自分の領域だと主張したのは台湾でした。1947年、台湾の政府が地図を交付し、そこに11本の破線を引いて、南シナ海のほぼ全域が中華民国（当時の中国、現在の台湾）の領海であると主張したのです。この牛の舌のような形の破線を「十一段線」と称しました。

それからしばらく経った1950年代半ば、中国も台湾にならって南シナ海をまるごと全部自分の「領土」にすることを勝手に決めます。

当時はまだ海についての国際的なルールが決まっていませんでしたが、広範な海域について自国の領域だと主張するのはあまりにも強引でした。

その際の「法律戦」として、かつて中華民国が主張した「十一段線」から、あまり関係なさそうな2本を省いて「九段線」と名前を変え、この九段線によって、「この海はおよそ2000年前から中国のものだった」という主張を始めます。あまりのメチャクチャぶりに、周辺国は冷ややかな反応をしました。

南シナ海の九段線

韓国
中国
東シナ海
日本
台湾
九段線
西沙諸島
中沙諸島
ベトナム
南シナ海
フィリピン
南沙諸島
ブルネイ
マレーシア
インドネシア

ところが、中国は「三戦」に従って、もうこの海をまるごととると決めていました。まず進出したのが、海南島の南東にある西沙《せいさ》諸島です。「諸島」と言っても、その無数にある「島」は岩礁、環礁でした。これは、南シナ海の各諸島共通の特色です。

1950年代、ベトナムの独立を認め、フランス軍がベトナムから撤退すると、中国が西沙諸島の東半分を、ベトナムは西半分を、分け合うように占拠しました。

1974年、ベトナム戦争が長期化し、南ベトナムを支援していたアメリカ軍が撤退すると、翌1975年、中国はベトナムが支配していた西沙諸島の西半分を武力で奪取し、西沙諸島の全域を支配したのです。

西沙諸島から南沙《なんさ》諸島、そして中沙《ちゅうさ》諸島へ

さらに1980年代半ばに入り、ベトナムにいたソ連軍が規模を縮小すると、南沙諸島に侵攻し、6カ所の岩礁を奪いました。南沙諸島とは、南シナ海の南部、フィリピンのパラワン島の西にある岩礁群です。

1995年には南沙諸島のうち、フィリピンが支配していたミスチーフ礁も奪取。その

後も「南シナ海ほぼ全部は中国のもの」への野心はとどまることを知らず、2000年代に入ると、南シナ海最南部にあるジェームズ礁を「ここが中国最南端の領土である」と、領有権を主張し始めました。

しかしマレーシアの排他的経済水域にあるその岩礁は、「暗礁《あんしょう》」と言って、干潮時でも岩が海面から顔を出すことがありません。「暗礁に乗り上げる」という言葉がピッタリなくらい、そこは危険な海域でしたが、中国の考え方も負けず劣らず「危険」でした。海面下の岩を領土だと言い、「九段線」は中国の大陸棚だという論を加えるようになったのです。

次に進出したのは、フィリピン・ルソン島の西沖合、中国が中沙諸島と呼ぶ海域でした。2012年、フィリピンの排他的経済水域にある環礁、スカボロー礁に中国漁船がやってきて「違法操業」します。フィリピンの艦船はそれを取り締まろうとしますが、まるで保護者のように同行してきた中国公船（政府が管理する船）がそれを邪魔します。そんなことが数カ月続いたある日、悪天候のためフィリピン船が現地から退避すると、その隙をついて中国公船がスカボロー礁を奪ってしまいました。それ以来、中国が実効支配しているのです。

しかしこのスカボロー礁の奪取がきっかけとなり、南シナ海での中国の動きにターニングポイントがやってきます。その話はまたあとでしましょう。

ところで、中国はなぜこれほどまでに簡単に礁をとれるのでしょうか。その答えは明確で、他の国と軍事力に差がありすぎるからでした。フィリピン海軍には2700トンの軍艦が2隻しかありません。たとえば、フィリピン、マレーシア、ベトナム、この3つの国の兵力をすべて合わせても、中国の5分の1ほどにしかなりません。中国からすると、軍事的には怖くもなんともなかったわけです。

環礁を埋め立てて軍事基地にする

これで西沙、南沙、中沙を支配下に置いた中国は、なんと「三沙市《さんさし》」という市を打ち立て、西沙諸島のウッディー島に市役所庁舎を置くと発表しました。奪われた国にしてみれば、こんなに苛立《いらだ》たしいことはなかったでしょう。

普通、珊瑚礁の中州をいくつとっても、「市」などになるわけがありません。これを市にしてしまえるのには理由があります。

それは開発です。開発というとイメージがいいのですが、実際やっていることは、美しい南の海の、美しい珊瑚礁の周りをコンクリートで埋めたてまくって、ガチガチに固めていくという大工事です。**それはもう大変な環境破壊です。**そうやって、青い海からほんの少し、顔を出すか出さないかだった岩礁を足がかりにして、軍用施設を建設してしまうのです。

主に中国側の発表した情報ですが、三沙市役所のある西沙諸島のウッディー島では、2400mの滑走路、飛行場施設、港湾《こうわん》施設、給油施設（建設中）が完備。J－11戦闘機2機が展開し、地対空ミサイル、地対艦ミサイルが配備されています。同諸島では、他の場所でも埋め立てが行われ、海軍守備部隊が駐留するなどしています。

西沙諸島のほかの礁については開発が後回しになっていましたが、急ピッチで埋め立て工事が進められています。

やっかいな問題なのが南沙諸島の7カ所でしょう。こちらはもうガチガチの軍用施設として開発が進んでいます。そのうちの3カ所で大規模な埋め立てを行い、滑走路が作られています。

そしてそれぞれに戦闘機24機が格納できる格納庫のほか、中型機、大型機用の格納庫を有しています。

中核となっているのがファイアリークロス礁で、3000m級の滑走路がほぼできあがっています。2016年1月には、周辺国の反対を押し切って大型旅客機を使った飛行試験を強行しました。

主力艦艇が入港できる大型の港湾までも併設しています。航空写真では、ほかに用途不明の建造物も確認できます

スビ礁の滑走路も3000m級で、こちらもほぼ完成しています。レーダー施設と灯台が設置されており、中国は2016年7月に試験飛行を強行しました。

フィリピンから最後にとったミスチーフ礁にも2600mの滑走路が完成間近です。やはり16年7月に試験飛行を強行しました。

滑走路が確認されたファイアリークロス礁

写真提供／Digital Globe/Getty Images

ほかの4カ所、クアテロン礁、ガベン礁、ヒューズ礁、ジョンソン南礁についても、埋め立てはすでに完了しています。

滑走路こそありませんが、港湾、ヘリパッド、レーダー、防御塔、強襲揚陸《ようりく》艦などがつけられる桟橋といった、軍用施設らしき建造物が作られています。なお三沙市の人口は2500人で、これには駐留する部隊将兵は含んでおらず、軍民比率は約3対1と報道されています。

次の焦点は、中沙諸島のスカボロー礁の埋め立てです。衛星写真では既に海底の掘削跡が確認されていますが、スカボロー礁が埋め立てられ、ここに3000m級の滑走路ができあがると「戦略的トライアングル」と言われる西沙諸島と南沙諸島の3000m級滑走路とを合わせた三角形が形成され、中国が制空権を握ることができます。

そして、この戦略的トライアングルを完成させた領空に近い形の「南シナ海防空識別圏」を設定する可能性があります。防空識別圏とは、飛行計画が提出されていない飛行機がこれより内側を飛んだら領空侵犯のおそれがあるとして、戦闘機がスクランブル（緊急発進）して警告するという空域のことです。

サラミスライス作戦と世論戦

南シナ海での中国の横暴は止まりません。圧倒的な軍事力の差で礁を奪いとり、埋め立てを行って軍用施設にして、人を住まわせ、実効支配する。

こうして既成事実を積み上げていきます。中国はそのパターンで支配する岩礁や海域を増やしていきました。

はたして、国際社会は、このような横暴を黙って見ているしかないのでしょうか。残念ながら、あまり有効な手だてはありません。まず、頼りにしたい国連ですが、対中国となると及び腰になります。

国連はもともと第二次世界大戦で勝った連合国側の集合体で、戦勝国の「利益団体」が起源です。特に安全保障理事会の常任理事国であるアメリカ、イギリス、フランス、ロシア、中国の5カ国には拒否権が与えられていますので、よほどのことがない限り手出しができないのです。

2014年、ウクライナ南部のクリミア半島で同じようなことがありました。ロシアにより、クリミアは併合されてしまいます。安保理ではこれに反対する決議案が出されましたが、ロシアが拒否権を発動しました。中国が相手というのはこれとほぼ同じことを意味します。

しかも中国の場合はじわじわと作戦を進めていくため、いつどこで大問題が発生したのかが非常にわかりにくいのです。

ほんのささいな小競《こぜ》り合いで、取るに足らないような岩礁を奪う。それ自体は「国際的な大問題」には見えません。でもそれを繰り返し、わからないようにじわじわと開発を進め、気がついたときには広域の軍事拠点を完成させています。

これは「サラミスライス作戦」とも呼ばれています。スライスしたサラミソーセージの一片は取るに足らぬほど薄いのですが、1枚、もう1枚と切っていくうちに、いつのまにか半分をとられていた……それを狙っているのです。

サラミスライス作戦でジワジワと進めるため、問題が露見しにくい。それによって国際社会から批判されることもない。中国にとってはすべて計算の内なのです。

もともと国際社会というのも決して一枚岩ではありません。宗教的な結びつき、経済的な利害関係、歴史的な友好関係など、関係性もさまざまです。

特に昨今、目覚ましい経済発展をとげた中国は、「世界の工場」と呼ばれるほどの生産能力を持ち、その利益によって国内に巨大な消費マーケットを築きました。

さらには、アフリカや中南米にある発展途上の国々に経済援助をして「親中」の国を増やす活動も急ピッチで展開しています。かつて日本が世界中で得意としていた、交通やエネルギーのインフラを絡めた援助は、いまやすっかり中国が中心になっています（もちろん、国策でやっているため、「価格破壊」のゴリ押しで、品質的に問題のあるケースも少なくありません）。

中でも注目は、ICT（情報通信技術＝Information and Communication Technology）を絡めて発展途上国に経済援助を行っている点です。政情が安定しない発展途上国の政府にとって、敵対勢力の監視に役立つICTインフラは魅力的です。また、電子決済など経済活動にICTを導入できれば、安定した税収にも直結します。中国は自国メーカーのシステムを破格な値段で売り込み、巧みに各国政権の中枢と密着しているのです。

だから、フィリピンやその周辺にある小さい岩礁を奪ったことだけで、必ずしも国際社会の世論は中国批判に向きません。

なぜなら親中の国々にとっては、まったく関係ない地域での、ちっぽけな小競り合いにすぎないからです。これらがすべて、中国の国策である「世論戦」なのです。

中国の軍事戦略「A2／AD」とは？

中国による海洋進出が、大国の抑止力が衰え、パワーバランスが崩れた隙を突き、少しずつ領海侵入を繰り返していることは理解してもらえたことでしょう。

大国・アメリカといえども、この状況では戦争でもしない限り、中国の横暴を止めるのは困難です。南シナ海全域で、中国が軍事力を展開し、力をもって国際秩序を変える思想が強まりを見せるのは、そこがアメリカの力が及びにくい空白部分だからでもあります。

南沙諸島の岩礁・暗礁は満潮時には水没して島の形状が不確実となるため、国連海洋法条約による島の基準にはあてはまりません。

とはいうものの、中国による岩礁・暗礁の埋め立てによる人工島建設は国際法上、違法と明確には断定できません。極めてグレーな状態です。

今後、漁船団や海洋資源開発などによる経済活動が活発化し、国際法上の要件を満たすことで、中国が自国の領土や**排他的経済水域（EEZ）**であると主張することは、十分に考えられます。

　では中国はその先に何をしようとしているのでしょうか。それが、中国の**「A2／AD」**と呼ばれる軍事戦略です。この戦略は、**接近阻止**（Anti－Access＝A2）、**領域拒否**（Area Denial＝AD）をすることで軍事バランスを中国側に引き寄せ、アメリカをアジアから排除するというものです。

　接近阻止とは、具体的には中国の軍事作戦に対するアメリカ軍の介入を阻止するための戦略のことです。沖縄から台湾、フィリピンを抜け、南シナ海を包み込む「第一列島線」および小笠原諸島からサイパン、グアムを通り、ニューギニア島に至る「第二列島線」で行われている中国の軍事作戦が対象です。

　領域拒否のほうは、第二列島線内の海域においてアメリカ海軍が自由に作戦を展開することを妨害するための作戦です。

南シナ海を潜水艦の聖域にする

「九段線は中国の大陸棚だから、南シナ海はほぼ全部中国の海」というありえない理屈を振りかざして、主要な礁を奪い、開発によって軍事基地を作る。いったい中国は南シナ海をどうしたいのでしょうか。

究極の目標は南シナ海を「内海化」することです。「湖化《こか》」という人もいます。つまり、外国船が入ることを禁じ、上空を飛行機が飛ぶことも禁じようというわけです。

それによって中国は何を得るのか。もちろん海洋資源の独占はあるでしょう。そして**それよりも重視しているのが軍事的優位です。**

軍事基地化により、当然南シナ海全域への海軍艦艇、空軍航空戦力の展開能力が向上します。もっとも優先順位が高い狙いは、南シナ海を潜水艦の「聖域」にすることです。

潜水艦はもっとも費用対効果の優れた兵器です。２０１０年3月26日、韓国と北朝鮮の軍事境界線近海の黄海海域で、韓国の哨戒艇《しょうかいてい》・天安が北朝鮮の小型潜水艇から発射されたたった一発の魚雷で撃沈されました。船の大砲で船体を撃っても、船はなかなか沈みませんが、魚雷なら当たらなくても一発で沈むのです。というのも、海底で魚雷を使って爆発させると水中で圧力が広がり、船が若干たわみます。直後、水中ではその逆の何十倍の負圧が発生するため、頑丈な船体が真っ二つになってしまうのです。

また、中国で実戦配備が進められている**弾道ミサイル**が潜水艦に搭載されれば、さらに脅威は増すでしょう。弾道ミサイルとは大気圏をまたいで弾道を描きながら飛ぶ対地ミサイルで、事前に察知しにくいため、被弾する側には心理的な重圧となるのです。

潜水艦搭載の弾道ミサイルの射程が1000㎞まで伸びれば、アメリカ西海岸にまで届くことになります。しかも陸上から発射されるミサイルは衛星から弾道が確認できますが、水中から侵入する潜水艦は探知が難しく迎撃が困難です。「海の忍者」と呼ばれる所以です。逆にいうと、潜水艦はどこにいるのかわかってしまっては意味のない兵器です。隠密性《おんみつせい》をより高めるためには、より見つかりにくい場所に潜《ひそ》むことが重要です。

南シナ海に面した海南島が中国の潜水艦基地です。造船もメンテナンスも行っていますので、外国が近づけない秘密の場所にしたいのは当然のことでしょう。

水深が深いことも潜水艦には有利です。中国の東側の沿岸（東シナ海）は水深が平均200mほどしかないため、潜水艦を隠すのには不向きなのです。

南シナ海に潜水艦を沈め、核弾頭を搭載した長距離弾道ミサイル（SLBM）の射程にアメリカを入れる。地上発射式のミサイルに比べ、潜水艦は発射後に移動するため米国からの撃ち返しにも残存性が高い。中国はそれを目指しているのです。

船を入れないのと同時に「防空識別圏」を設定し、飛行に制限を加えることも視野に入れています。

これだけ開発が進み、レーダー、滑走路、戦闘機の格納庫とインフラが整ったのであれば、設定が可能だといえます。

先述した通りにスカボロー礁が埋め立てられ、西沙・南沙・中沙諸島のトライアングルを中心とする防空識別圏の設定が始まれば、潜水艦の聖域化が本格化したのだと判断できるでしょう。

アメリカは「航行の自由作戦」で中国の主張を完全無視

もちろん、こうした動きをアメリカだって警戒はしています。かつて「世界の警察」と呼ばれたアメリカですから、中国の横暴に対して対抗してくれるのではないか、もちろんそう期待したいところなのですが、アメリカはいきなり手荒なことはしませんし、できません。

アメリカの基本的なスタンスは、「他国同士の境界線問題には決して立ち入らない」なのです。

しかしながら、サンゴ礁を埋め立てて軍用施設を設置し、国際法を無視して力をもって最終的には巨大な軍事拠点を築き、潜水艦から発射するミサイルでアメリカ本土を射程に入れようという中国の挑戦に対して、アメリカが何もしないということはありません。状況、情報はすべて把握し、対処できる抑止力は確保しています。

アメリカの作戦行動としては、ロサンゼルス級原子力潜水艦を南シナ海で運用し中国の潜水艦の動きを牽制しているほか、**「航行の自由作戦」**を行っています。アメリカは「航行の自由作戦」等を、法的に認められた権利に基づき35年以上も続けています。やることは単純明快。艦船で世界中の沿岸国の「領海」を自由に航行するのです。

中国のやっていることは、国連海洋法条約に違反している可能性が極めて高いのです。そこで、「法の支配」という原則にのっとって、**法律でもやってかまわないと書かれている「航行の自由」を堂々と実行し、法律でやってはいけないとされている海洋の過剰な独占をする国を強く牽制する。**それがアメリカの狙いです。

国連海洋法条約では、無害通航である限り、それがたとえ他国の領海であっても自由に航行してよいとされています。とはいえ、いくら「通るだけ」といっても、領海内を軍艦で通過されて、気分のいい国はありません。でも無害通航なのですから、誰もとがめることはできませんし、とがめられる理由はどこにもないのです。そもそも低潮高地の岩礁は島ではありませんから、「領海」も認められません（111ページの図を参照）。

この「航行の自由作戦」を実行することによって、沿岸国による過剰な海洋権益の主張に対抗するのです。海はひとつしかありません。だから「ここは自分の海だから何をやってもいい」ということにはなりませんし、「自分の海」を通りたいのなら許可をとれというのも理想的な海の管理方法ではありません。

事実アメリカは自国の領海を無害通航する船舶に「アメリカの許可をとれ」とは言いません。航行の自由を尊重しています。もちろん警戒に警戒を重ねていますので、もしも突然不穏な動きをすれば、その船はこっぴどい目に遭うでしょうが。

ちなみにアメリカの軍艦が自由航行する沿岸国というのは、同盟国や友好国も含んでいます。日本もこの作戦の対象になったことがあります。

アメリカによる「自由航行作戦」は海だけでなく、空でも展開されています。国連海洋法条約では、公海と排他的経済水域の上空を飛行することは誰も制限できないとあります。ですから本来は、「防空識別圏」というものに法的な根拠はないのです。

中国は「九段線」という独自の根拠をもとに、ほぼ南シナ海全域は中国の大陸棚であり、約2000年の歴史的な権利があるため、その海域には主権があると、無茶な主張をして

島、岩、低潮高地の領海と排他的経済水域

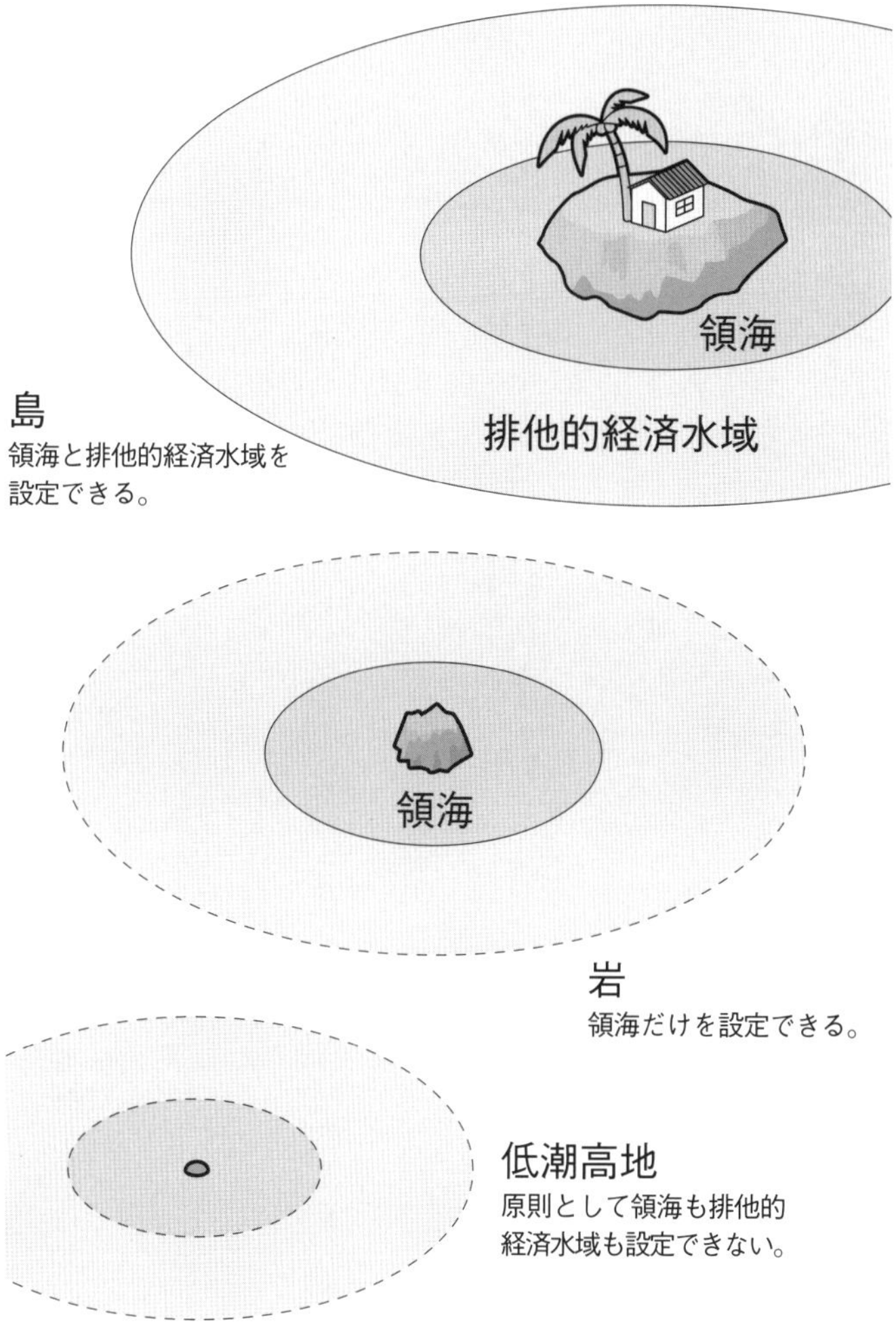

います。しかし、アメリカはその理屈にまったく付き合わず、埋め立てて基地となっている岩礁のすぐ脇を軍艦で自由に航行し、南シナ海の上空を爆撃機や哨戒機《しょうかいき》で飛行しています。中国の戦闘機が近づいて警告を発しても、どこ吹く風。

また、中国が「アメリカがそんなことをするなら防空識別圏を設定するぞ」と言えば、「違法なのはそっちだ。今後もかまわず通るし、飛ぶ！」と宣言しています。

国連海洋法条約による「法の支配」を守り、行動の自由を守るための作戦を続けているのです。

フィリピンは裁判で中国に対抗

さて、隙をつかれたフィリピンは、その後どうしたのでしょうか。スカボロー礁をとられた翌年の2013年1月、フィリピンは常設仲裁裁判所に訴えを起こします。力ではやられっぱなしでしたが、ちょっと角度を変えて、司法の場で戦うことにしたのです。

しかし、国連海洋法条約では「境界線の紛争」は当事国間で決めることになっています。中国が仲裁を拒否し、知らぬ存ぜぬを決め込むことは目に見えていました。

ところがフィリピンには考えがあったのです。中国が仲裁を拒否しても、裁判所として判断が出せる「中国の主張と行動の違法性」に絞って訴えることにしたのです。

裁判の結果、仲裁裁判所は主に次のような裁定を下しました。

① 中国が、この海域や資源に対して歴史的に排他的な支配をしてきた証拠はない

② 九段線の内側にある資源に対して、中国が歴史的な権利を主張する法的な根拠はない

③ ミスチーフ礁など3カ所は、もともと干潮時だけ海面上に現れる低潮高地である。また、ファイアリークロス礁など4カ所は、もともと島ではなく岩である

④ サンゴを砕いたもので埋め立てる中国の行為は、海洋の環境を守る義務的条項違反にあたる

中国はこの判断に対して、怒りをあらわにし、「間違った判断だから無視する。これは紙くずでしかない」と表明しました。

そうは言っても、「世論戦」「法律戦」を掲げる中国としては、国際法に違反していると判断されたことは大きな痛手であり、世界の国々の評価と世論を気にしているのは間違い

ありません。

全面的に違法という判断を突きつけられ、中国はこれからどうするのでしょうか。その答えは、すでにもう出ています。フィリピンのロドリゴ・ドゥテルテ大統領を懐柔《かいじゅう》し、両国が和解、納得して対応しているという枠組みを作ろうとしているのです。

フィリピンがこの裁判を起こしたときの大統領は、現在のドゥテルテ大統領の前の大統領でした。そこが大きなポイントになりました。

アキノ前大統領は、同盟国アメリカとの関係、そして「法の支配」を重視する立場をとっていました。しかしドゥテルテ大統領は、必ずしも同じ立場ではないようです。

まず話題になったのが、犯罪、特に麻薬常習者を撲滅するために、超法規的な処刑を奨《しょう》励《れい》していることです。現にフィリピンでは千人単位の人が処刑されたといいます。こうした状況を外国から非難されると、口汚くののしったりします。アメリカのバラク・オバマ大統領（当時）に向けて、「地獄へ行け！」と言い放ったのは衝撃的でした。

しかし、国内では治安の改善もあり、高い支持率を誇っているというのです。

さらには、フィリピンに駐留するアメリカ軍には完全に撤退してもらい、その後は中国軍との関係を強めることまでほのめかしています。親中・反米を隠そうともしないので、非常に心配です。

そんな中、2016年10月に訪中したドゥテルテ大統領は、国賓《こくひん》待遇で迎えられ、習近《しゅうきん》平《ぺい》国家主席との会談後に約2・5兆円の経済支援を得たと発表しました。どんな中身なのか、しっかり運営されるかなど、中国が約束したフィリピン支援には不透明な部分も多いのですが、たとえそうだとしても2・5兆円というのは普通の額ではありません。これは仲裁裁判でプライドをズタズタにされた中国が、支援という名目で「示談金」を支払うと約束したように見えたのは私だけでしょうか。

しかし、その後、訪日し、安倍晋三首相と会談したドゥテルテ大統領は、日本との共同歩調で「法の支配」を尊重すると約束し、日本からも約50億円の円借款《しゃっかん》や、大型巡視船《じゅんしせん》の供与などの経済支援を得ました。

この様子を見ていると、ドゥテルテ大統領必ずしも中国寄りというのではなく、さまざまな交渉カードを手に全方位外交を仕掛けて実利を引き出す、ハードネゴシエーター（手《て》強《ごわ》い交渉相手）なのかもしれません。

ドゥテルテ大統領はトランプ米大統領が就任した際には、就任を歓迎する意を表明し、表面上は駐留米軍の退去を求めたりはしていませんが、中国に接近する傾向は続きそうで、今後も注視が必要です。

「油の道」が中国の胸先三寸《むなさきさんずん》で閉鎖できる怖さ

南シナ海が「中国の海」になると、日本にとって非常に厄介なことになります。端的に表れるのが「シーレーン（油の道）問題」です。

資源のない日本はその多くを輸入に頼らざるをえません。エネルギーとしてもっとも重要なのは石油で、日本に向かうタンカーの8割以上が、南シナ海を通っています。

シーレーンの距離が伸びればさまざまなコストが上昇するため、最短であることが非常に重要です。実際、南シナ海を避けロンボク海峡を通るルートもありますが、中国のH6爆撃機が南沙諸島の滑走路を使用すれば、この海峡は攻撃範囲に入ってしまいます。南シナ海の「油の道」が、中国の胸先三寸で閉鎖できるのは、好ましい状況ではありません。

この「油の道」は日本だけでなく、台湾や韓国も同じく8割以上を頼っていますので、中国がいきなり通航禁止にすることはないと思います。もしそれをすれば国際的な評価が下がり、「世論戦」に負けることになりかねないからです。

でも南シナ海が「中国の内海」となることで、ほんの少しのことで日本は打撃を受けてしまいます。

たとえば、この海域に「海賊が出没してタンカーを襲っている」という状況を作る。あるいは、東シナ海での日本との緊張や係争を理由に「日本に向かう船舶の航行を妨害する」と言うだけで、タンカーが来なくなるでしょう。

なぜかというと、現在航行しているタンカーには、日本人乗組員がほとんどいないからです。自分とは関係ない国のエネルギー政策のために、命を賭けて石油を届けてくれる外国人はいないと思います。

第一次世界大戦も最初は船舶の航行妨害から始まりました。

日本の国益を守るシーレーン防衛という観点からも、南シナ海を「中国の内海」にしてはいけないのです。

南シナ海で起きていることは東シナ海でも起こる

ここまで、日本からは少し離れた南シナ海で何が起きているかを説明してきました。次は日本の近海、東シナ海で何が起きているかをお話しします。

その前に、おさらいをしておきましょう。

フィリピンのドゥテルテ大統領が、アメリカと中国との間で、巧みな交渉をしている背景には、両大国が軍事的な対立を深めていることがあります。

トランプ米大統領は、「メイク・アメリカ・グレート・アゲイン（アメリカ合衆国を再び偉大にしよう）」を合言葉に大統領選を勝ち抜きました。昔と比べて弱まってしまった国力を再び向上させようというキャッチフレーズです。

同盟国である日本としては、こと安全保障に限れば、ぜひそうあってほしいと思うのですが、トランプ大統領は同時に、「世界の警察は続けられない」という発言もしています。

国内の経済・産業を発展させるのが優先であり、世界を圧倒する軍事力によって、いわば一国で秩序を作ってきた「世界の警察」であり続けるのは負担が重すぎるという本音の表れです。それは同盟国がお互いに負担し合うことで解決していくべきことでしょう。

問題は、そのアメリカと入れ替わるように力をつけてきた中国です。

中国の2019年の国防費は、表向きだけでも約19兆8000億円。2000年と比べるとほぼ10倍にまで膨らんでいます。これには他国なら通常含んでいる兵器開発費や購入費が含まれていません。それでも日本の約3・8倍に相当します。

中国が大国として世界平和に貢献してくれるというのなら素晴らしい話ですが、その覇権主義的な思想や、海を独占しようとする行動には危険なものを感じざるをえません。「国境は国力に応じて変化する」という中国独特の考え方を持ち、軍では「三戦」すなわち、世論戦・心理戦・法律戦で勝つこと徹底しています。

しかし法律戦の中身は、「九段線」というありえない理屈のごり押しで、結局、国際的な司法の裁定では負けます。中国に対抗しなくてはいけない勢力は「法の支配」という共通の価値観でまとまる必要があるのです。

おさらいのポイントはもうひとつ。「中国はいつも相手の弱いところを狙っている」ということです。強国の守りが弱くなったとき、相手の国力が弱くなったとき、兵力の差があるときには一気に奪いとります。はじめは「ほんのささいなこと」のように感じてしまうのですが、それはもう「サラミスライス作戦」にひっかかっていることを意味します。

いったん手に入れた海域では、環境破壊など気にせず、軍用施設を設置し、さらにその海域での戦力優位を作っていきます。そして、南シナ海に中国の「潜水艦の聖域」と「防空識別圏」を作ろうとしています。

これと同じことがいま、日本のすぐ近く、東シナ海で起きようとしているのです。

中国の視点から日本列島を見る

さて、もう一度86〜87ページの「逆さ地図」を見てください。まずは日本の国土を確認してみましょう。最北端の択捉島《えとろふとう》から、最東端の南鳥島《みなみとりしま》、最南端の沖ノ鳥島《おきのとりしま》、最西端の与那国島《よなぐにじま》まで、日本の領土すべてが入っています（注：地図の上下と東西南北は一致していません）。

日本は実に伸び伸びとしているように感じませんか。南西諸島が西へ延び、伊豆諸島・小笠原諸島が南へ延び、北方領土が北東へと延びています。そのおかげで、日本は世界6位の排他的経済水域を持つ海洋国家なのです。

それに比べると、大陸の国々は窮屈そうではありませんか。ロシア、中国、韓国、北朝鮮……どの国も、まるで日本にフタをされたように、狭い海と正対しています。広い太平洋に出るには、日本の島々の隙間を通っていくしかありません。

簡単に言ってしまうと、日本が、そして日本の島々が、邪魔でしかたがないのです。まず各国のこの隠しきれない気持ちをもう一度確認しておいてください。

ではせっかくなので南シナ海を復習しておきましょう。台湾の西から南へ広がる海でしたね。中国の潜水艦の本拠地、海南島は見つかりましたか。

では台湾から、今度は東の方を見てみましょう。鹿児島までつながっているのが南西諸島です。意外と距離が長く、本州の長さと同じくらいあります。

中国の商工業の中心である上海は南西諸島と向き合うようにあります。その間にある海が、これから話題となる**東シナ海**です。

中国が尖閣諸島を欲する理由

この海域で日本と中国はふたつの揉めごとを抱えています。ひとつは**尖閣諸島**をめぐる問題です。もっとも、日本の領土を日本が実効支配しているだけなので、ここに「領土問題」はないというのが日本の公式な立場です。

尖閣諸島は、八重山《やえやま》諸島にある石垣島の北に位置し、もっとも大きい魚釣島《うおつりしま》、北小島《きたこじま》、南小島《みなみこじま》、久場島《くばしま》、大正島《たいしょうとう》、沖ノ北岩《おきのきたいわ》、沖ノ南岩《おきのみなみいわ》、飛瀬《とびせ》など、大小の島々から成ります。

もう一度、逆さの地図を見てみましょう。上海から日本を抜けて太平洋に出るとしたら、どこを通りますか。なんとなく通りやすそうなのが沖縄本島と宮古島の間にある宮古海峡のあたりです。そこを通るときにちょうど押し出す位置にあるのが尖閣諸島です。

また、そこは台湾の東側に位置するため、中国は尖閣諸島を支配すれば台湾を東西から挟み込むことができます。これらが、中国が尖閣諸島を欲しがる一番の理由です。ちなみに尖閣諸島は台湾も領有権を主張しています。

南シナ海の岩礁をとったときと同じように、中国は尖閣諸島をとりに来ています。とると決めたら、いつまでも最大のチャンスが来るのを待っているのが中国なのです。

ですから、日本としては、何があっても決して隙を見せず「力の空白」を作らずに、どんな小島でも守り抜かなくてはいけません。

繰り返されるルーティーンとイレギュラー事態

いま、尖閣諸島では中国公船（海警＝コーストガード）による定期的な領海侵入が繰り返されています。よっぽど天気が悪くない限り、ほぼ毎日、接続水域付近を航行し、その

尖閣諸島の位置

うち、月に3〜4回は定期的に約2時間程度、領海侵入しています。

漁船であれば乗り込んでいって取り調べをすることも可能ですが、公船ともなると国に準ずる扱いとなり、国内法が適用できません。

海上保安官としては、「速やかに立ち去れ」と言うしかできません。それを来る日も来る日も頑張ってずっと続けています。向こうは向こうで、ここは中国の領海だから日本が立ち去れと言うのですが。

中国は当面、各種手段を使いながら自分の領土だと主張できればいいわけです。

日本は一度、領空侵犯をされたことがあります。セスナのような小型飛行機が低空で飛んできて、領空に入ってきて写真を撮って、ホームページにアップしていました。自分たちの島として、パトロールをしました、ということなのでしょう。

ヘリコプター搭載の公船でやって来て、ひょいと飛んで領空侵犯する。戦闘機がスクランブルしても、那覇《なは》から来るため、時間がかかるので間に合いません。

おそらくまだまだそんないやがらせのような、時には子どもだましのようなカードをたくさん用意し、挑発行為のレベルを徐々に上げていくのではないかと思います。

そのようなことは、考えればいくらでもできるのですが、普通の国はまずやりません。

でも中国は目的のためにはなんでもやるのです。まさに「サラミスライス作戦」。我々はこれに慣れっこになってはいけません。繰り返される中国公船の侵入にも危機感を持って、粘り強く対抗しなければなりません。

海上保安庁の人命救助が状況を変える

2014年10月、200隻を超える赤サンゴの密漁船が福建省《ふっけんしょう》などから小笠原の海に来ました。燃料代だけで8億円を超えると見積もられましたが、宝石サンゴだけでは利益が出ません。誰かが燃料代を支援していると考えられます。

2016年8月にも、200隻を超える漁船が一斉に尖閣諸島周辺にやって来ました。尖閣諸島周辺で漁をする場合は、中国政府が燃料費を払うことになっているため、大量の漁師が動員できるのです。

警備にあたる海上保安庁は、漁船が日本の排他的経済水域で違法操業していれば取り締まりを行います。ところが引率者のように15隻の海警も来ていて、捜査を妨害し、海域には緊張感が走りました。

転機となったのは8月11日、尖閣諸島から北西に離れた公海上で中国漁船がギリシャ船籍の貨物船と衝突し沈没してしまった海上事故です。海上保安庁がギリシャ船からの緊急無線に反応して駆け付け、乗組員14人のうち6人を救助しました。

これに対して、中国外務省は「中国人の船員6人が救助された。中国と日本の公船が、行方不明者の捜索を全力で行っている」と、木で鼻をくくったような声明を出しましたが、次の声明では「中国公船は引き続き、事故が起きた海域で行方不明者を捜索中だ。中国側は、救助での日本の協力と人道主義の精神を称賛する」と修正が加えられました。

感謝ではなく称賛という〝上から目線〟の声明でしたが、図らずも、尖閣諸島周辺は日本が管理していることや、日本の人道的な対応の素晴らしさ、逆に中国公船は何をしていたのかといったことが浮き彫りになったのでした。その日からしばらくの間は、中国公船による領海侵入はありませんでした。

大量の漁船が襲来したのは潜水艦隠し

2010年9月、尖閣諸島付近で中国漁船が、海上保安庁の巡視船2隻に体当たりする事件があったのを覚えていますか。すったもんだがありましたが、その様子を撮影した動画が公開されたため、中国漁船の横暴ぶりをアピールすることができました。

そのとき、近くにたくさんの漁船がいて、カワハギを獲っていたという説明でした。ところが海上保安庁が調べたところ、カワハギは獲っておらず、さらに拘束された船長は、漁師にしては日焼けをしていないなど、不自然極まりない様子でした。

私は、水深が浅い東シナ海の下に潜水艦がいて、それを海上から見つからないようにするため、あるいは音を隠すためのカモフラージュをしていたのだと思います。

日本の海上自衛隊は、潜水艦探知の能力が

シーレーン

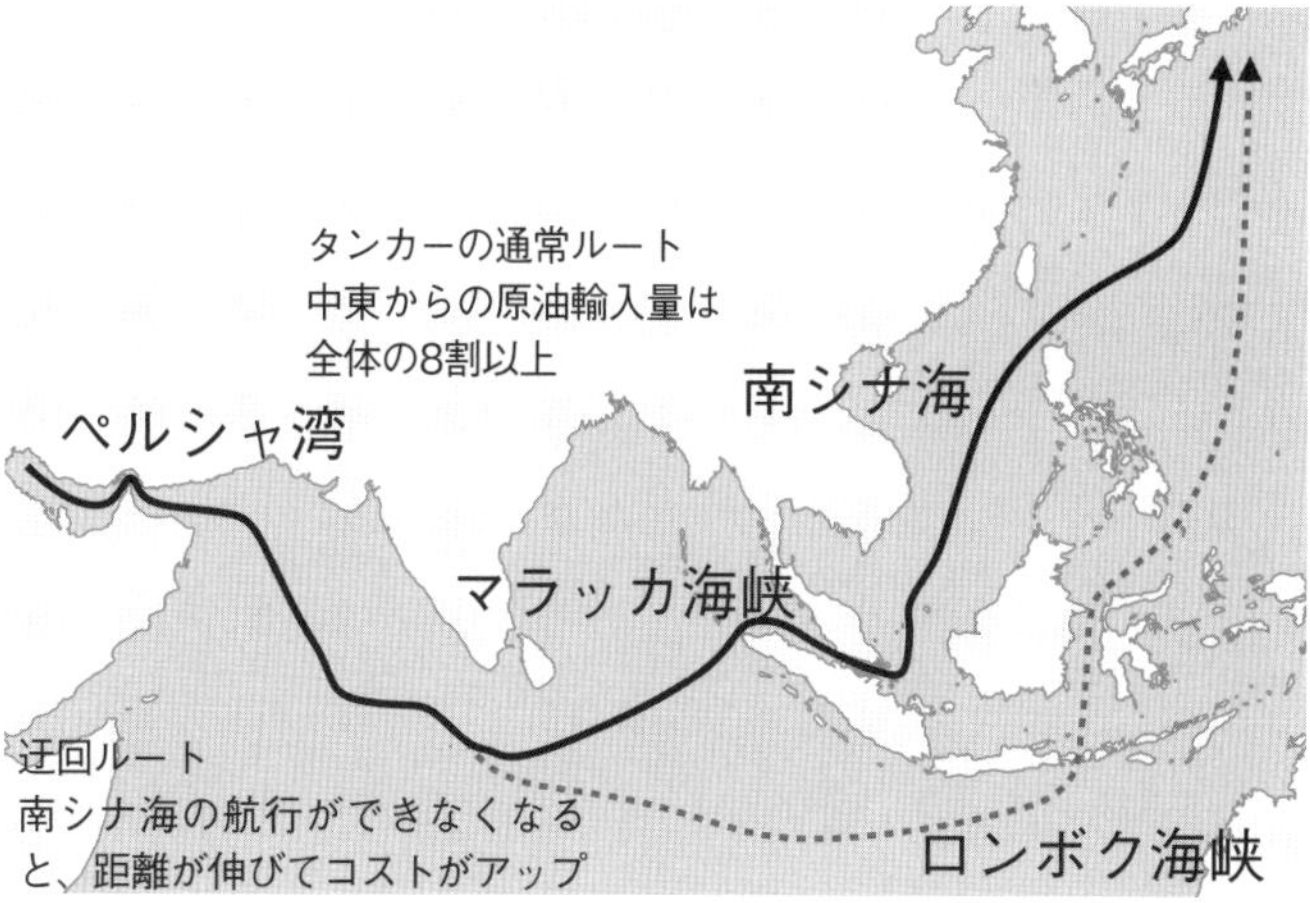

高いため、中国の潜水艦は東シナ海を通らなくてはならないときはこの手を使っている可能性があります。

緊張漂う中間線ガス田問題

現在、東シナ海で日本の関係者が危機感を強めているのは、「ガス田問題」だろうと思います。尖閣諸島の北は、日本と中国で排他的経済水域の境界線をめぐる主張が合意できていません。日本は中間線を境界とするのがふさわしいと主張していますが、中国側が沖縄トラフまでの大陸棚を主張しています。

まだその境界線を決める話し合いもしていないというのに、中国が一方的にその海域に天然ガス採掘のガスステーションを建設したのです。しかもまるで「ここならいいだろう」とでもいわんばかりに、日本が主張している中間線ギリギリのところを狙って建造しています。

協議すら始まっていない未解決の境界線ギリギリに、そんなものを建てたら揉めるに決まっています。

ステーションの中には中間線を踏み越えて設置されている可能性が指摘されているものがありますし、また、地中で広がっているため、日本のEEZにある資源を採掘されている可能性もあります。

これは日本にとっては許しがたい挑発行為です。何度も一方的な資源開発は認められないと抗議をしていますが、中国側にはやめる気配がありません。

立ち並ぶ巨大な建造物も日本にとって脅威になります。もしそこに航空管制用のレーダーが置かれたら東シナ海ほぼ全域が監視でき、名実ともに東シナ海の防空識別圏ができてしまうわけで、これはゆゆしき事態になります。

もし戦闘になったら、ガスステーションは魚雷や航空機からの一撃で破壊できるので怖くはありませんが、そんな行為は戦争でもない限りはできません。距離は佐世保から約580㎞、那覇から360㎞、尖閣から約300㎞しかありません。よって、通信関係の傍《ぼう》受《じゅ》もできてしまいます。

平時の戦いで優位になる航空管制レーダーは絶対に作らせてはなりません。そして絶対に、東シナ海の「人工島」にしてはいけません。

日中中間線とガスステーション

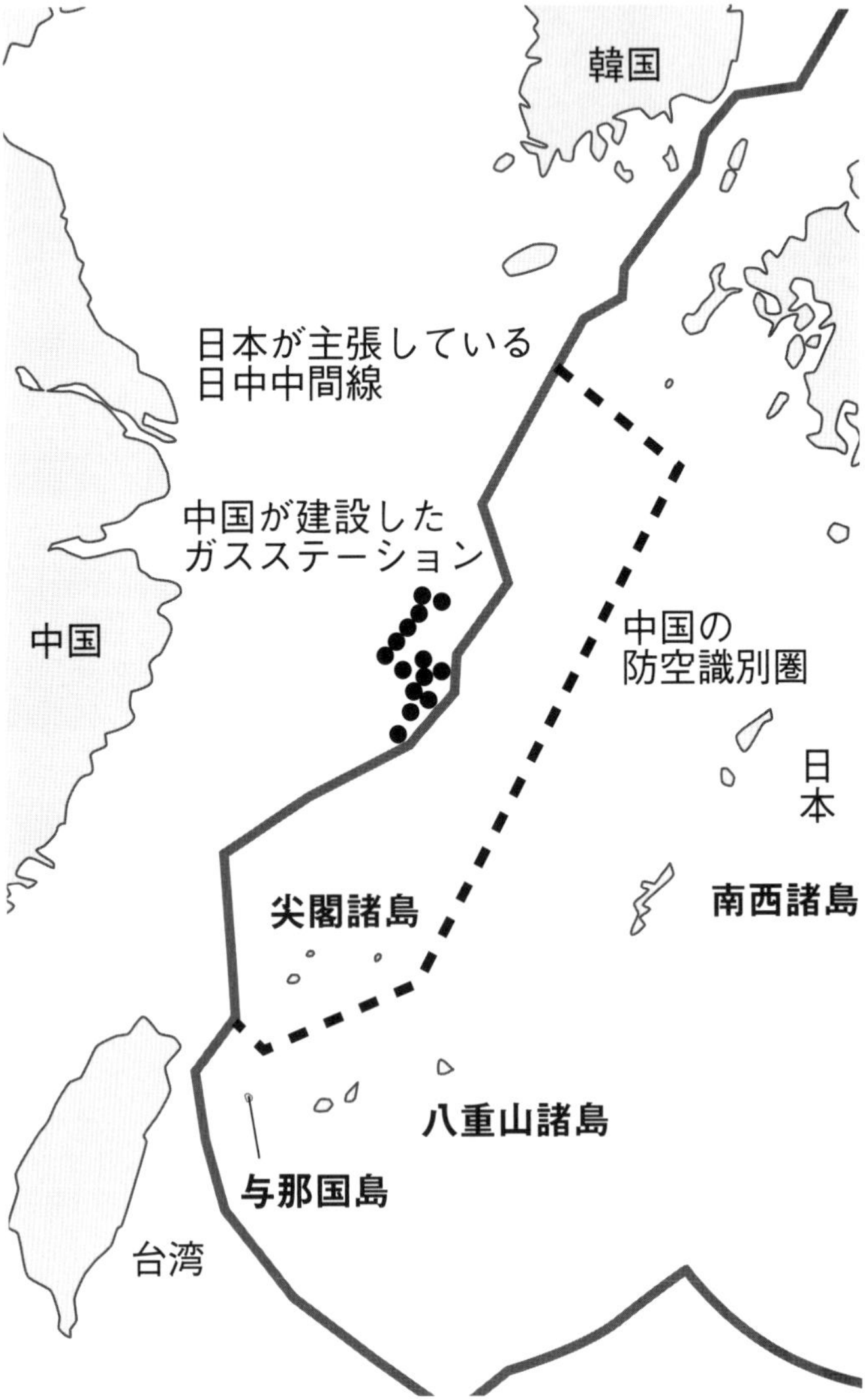

血気盛んな現場、危険すぎる挑発

近年、航空自衛隊機のスクランブルが激増しています。スクランブルというのは、外国の飛行機が何らかの目的で領空を侵犯する可能性があるとき、それを阻止するために戦闘機を緊急発進させることを言います。

2016年度、航空自衛隊機がスクランブルした回数は1168回に上りました。これは特に多かった2014年の943回を上回り、過去最多でした。そのうち、約73%にあたる851回が中国機に対応したものでした。2017年はわずかに減少し、904回（うち中国500回）でした。

中国機が日本の領空に近づいてくるのは、示威行為といって、日本の領土を脅かし、挑発することで、領有権を主張するのが目的です。

挑発行為はほかにもいろいろあります。

海上自衛隊の護衛艦に射撃管制用のレーダーを照射するという許されざる行為もありました。これは非常に危険なことです。いつでも弾が飛んでくる状況なのですから、恐ろしい挑発行為なのです。

あるいは、戦闘機で異常接近したりもします。中国機はアメリカ機にもやっています。マッハのスピードで8~9ｍまで迫るなど……常識では考えられません。これは時速100㎞で高速道路を走っている車が1㎝近くまで接近するようなものです
実際、もう10年以上前のことですが、海南島でアメリカ海軍の哨戒機にぶつかって中国軍のパイロットが亡くなるという事故も起きているのです。

こうした危機に対して、もちろん手をこまねいて見ているわけではありません。

2016年3月には、最西端の与那国島に陸上自衛隊与那国駐屯地を開設し、与那国沿岸監視隊など約150人の自衛隊員が駐留するようになりました。

また、2019年3月には、南西諸島の奄美《あまみ》大島（鹿児島県）に陸上自衛隊奄美駐屯地を開設し、約550人が駐留しています。同時に、沖縄県宮古島市に陸上自衛隊宮古島駐屯地を開設し、約380人が駐留。計700~800人規模に増強する予定です。奄美、宮古島ともに、警備部隊やミサイル部隊が警戒にあたります。そして、石垣島の駐屯地建設も開始しました。

東シナ海への進出を目論《もくろ》む中国に対して抑止力を働かせるために、これだけの対策が必

要なのだとご理解ください。

ここまで、日本に迫る第一の危機として、中国について語ってきました。冷戦時代は、日本の主権を脅かしてくるのはソ連（現在のロシア）がもっとも多かったのですが、現在では中国が飛び抜けた存在だといえるでしょう。

一触即発だった米朝関係

現在、日本を取り巻く安全保障環境の中で、もっとも大きな変化があったのは北朝鮮情勢だといっていいでしょう。

大まかに振り返ると、北朝鮮は日本や世界中からの抗議と非難を無視するかたちで、核兵器とそれを弾頭に搭載して運搬する長距離ミサイルの開発を継続してきました。

そこには国際社会と協調していこうという姿勢はまったくなく、むしろ非合法な武器の輸出入などを通じて世界のアウトロー集団を形成してきた側面があります。

「北朝鮮建国の父」・金日成《キムイルソン》の孫である金正恩《キムジョンウン》は、着実に力をつけていました。なにしろ、儒教社会の北朝鮮において、実力者であった叔父を公開処刑するという暴挙に出たにもかかわらず、それでもなお国内の治安が保たれているのですから。

　国際社会は、そんな北朝鮮に対して、経済制裁を発動して改めさせようと試みましたが、結果的に効果はありませんでした。

　その背景にあったのが中国の存在です。事実上、「親代わり」となっている中国は、国際社会に対しては、北朝鮮への経済制裁に協力すると言いながら、実際は貿易を拡大することで北朝鮮を支援してきました。北朝鮮の産業はまるで世界から取り残されるように衰退し、民衆は苦しい生活を強《し》いられていましたが、体制を維持できたのは、金政権の「恐怖政治」と、中国からの直接的および間接的な支援があったからにほかなりません。

　中国がアメリカに対抗しうる世界のリーダーになっていくには、ある意味で「温厚さ」を強調していく必要があります。北朝鮮のようにアメリカに対して敵意をむき出しにして軍事力を強化していく「過激派」の存在は、中国にとっては好都合でした。

　そのため、核兵器やミサイルの実験を繰り返す北朝鮮に対して、日本や世界の国々は警戒をしましたが、歯止めをかける有効な手段がありませんでした。当初は技術レベルが低く、頻繁に行われるミサイル実験にも慣れてしまって、国民全体の警戒が低下していた部分があったようにも思います。

結局、北朝鮮は核兵器の開発に成功し、しかもそれを日本やグアム、さらにはアメリカ西海岸まで運べる大陸間弾道ミサイル（ＩＣＢＭ）の技術も確立したと客観的に判断できる状況になってしまいます。

２０１７年、まるでアメリカを挑発するようにＩＣＢＭの発射実験を繰り返す北朝鮮に対し、トランプ米大統領は怒りをあらわにします。８月には金正恩がグアムへの攻撃を示《し》唆《さ》すれば、トランプ大統領は「グアムに何かをすれば、見たことがないことが北朝鮮で起きる」と応じるなど、まさに一触即発の状況になりました。

北朝鮮による奇襲はありませんでしたが、逆に９月にはトランプ大統領が「米国と同盟国の防衛を迫られれば、北朝鮮を完全に破壊せざるをえない」と、先制攻撃の可能性に言及。アメリカが金正恩の殺害を目的とした総攻撃を仕掛ける可能性が高まっていきました。しかし、その場合、日本や韓国に対する攻撃を含む反撃が予想されるため、簡単には実行できないというのが実情でした。

この危険な膠着《こうちゃく》状態はその後も続き、11月、アメリカは原子力空母３隻を日本海に配備して訓練を実施。北朝鮮はこれに抗議するようにＩＣＢＭの発射実験を行いました。

ついに２０１８年１月には、金正恩が「核のボタンは、常に私の執務室の机の上にある」

と発言。トランプ首相も「私も同じく核のボタンを持っている。ただ私のははるかに巨大で強力、しかも実際に機能するのだと、彼に教えてやってくれ」と反発。ついに、核兵器を持ち出して挑発し合う状況に陥ったのです。

　ところが2月に韓国で行われた平昌《ピョンチャン》冬季オリンピックを挟んで、局面が大きく変わりました。それには、韓国の文在寅《ムン・ジェイン》大統領が関与したといわれています。4月には南北首脳会談を実現するなど、親北政策をとり続けていました。

　3月には双方から対話の準備があるというコメントが出され、ついに6月には初めての米朝首脳会談がシンガポールで行われました。

　挑発し合っていたときは、誹謗《ひぼう》中傷に近いやりとりをしていたトランプ・金の両氏でしたが、会談は意外なほど友好的に進み、会談後は互いを称賛し合うという信じられない光景を見ることができました。

　両首脳は共同声明を発表しました。それは、

①　歴史的な米朝会談をきっかけとして、新しい米朝関係を構築する

②　朝鮮半島の永続的かつ安定的な平和体制の構築に共同で努力する③北朝鮮が朝鮮半島の完全な非核化に向け努力することを約束する

④ 身元確認されたものを含め、戦争捕虜や行方不明兵の遺骨の回収に尽力するというものでした。

北朝鮮の脅威は変わらずに存在している

この交渉の流れはまさに急転直下でしたが、米朝双方がチャンスを最大限に活用しようとした結果だと思います。

しかし、その後北朝鮮による具体的な非核化措置が進められている形跡はなく、2019年2月にベトナムで行われた2回目のトランプ・金会談は、トランプ大統領が会談内容を不服として、スケジュールを途中で切り上げて帰国してしまいました。

北朝鮮の狙いは、一部の各施設を廃棄することで大部分の国連制裁を解除してもらうことや、金体制の維持、現有核兵器の保持、そして米国による人道支援といったところでしょう。しかし、アメリカも北朝鮮の核保有は容認しないでしょう。

米朝の「雪解け」以来、日本周辺にミサイルが飛来することはなくなっていますが、日本を射程に入れるミサイルは実戦配備されたままであり、今後、米朝の交渉が難航すれば、いつまた北朝鮮の無謀な挑発行為が再開するかわかりません。とにもかくにも、ここまで国際社会の意見に背を向けて、核兵器開発にいそしんできたことひとつをとっても、北朝鮮が何を考えているかわかりませんし、ひとりの人間が意思決定を行う、ガバナンスのない国であるのは間違いありません。

ですから、北朝鮮の軍事的脅威は変わらず存在しているということを忘れてはならないのです。

北方領土問題の経緯

中国機に対するスクランブルが増加していることは前述しましたが、かつてスクランブルといえば、ロシアのミグ戦闘機に対するものがほとんどでした。現在も対ロシア機のスクランブルが減っているわけではありません。国境を接するロシアとの間には、現在もいさかいがあるのです。

中でも北方領土問題は、日本政府として非常に長い時間をかけて取り組んでいる課題です。問題が解決しない理由はいろいろありますが、日本国民の間で、問題意識を共有できていないこともそのひとつだと思います。

まず、ひとつだけハッキリさせておきましょう。

北方領土は、あらゆる歴史的事実からも、また手続きの上でも、日本の領土であり、ロシアの領土ではありません。それなのに不当な占拠が70年以上も続いているのです。

先人たちが移住し、切り開き、大切に守ってきた土地なのです。ですから、間違っても、「あんな小さな島々はいらない」などと思ってはいけません。

北方四島は、第二次世界大戦までは、どこと争うこともなく、日本の領土でした。それが、大戦終了間際と終戦後のドサクサにまぎれてソ連（現在のロシア）に奪われてしまったのです。その北方領土問題の本質を、国民がしっかりと理解して、忘れないようにしなくてはいけません。

もう少しきちんと説明しましょう。日本はロシアより早く北方四島を見つけて、先に渡航し、支配していました。すでに江戸時代の幕藩体制が確立していましたので、藩から幕府へことこまかに報告の書面が出されているため、証拠にはこと欠きません。そのことは争点にもなっていません。1855年、日本とロシアは平和的に日露通好条約を結び、その中でそれまで自然のうちに定まっていた国境を確定、北方四島までが日本としました。

問題は第二次世界大戦の「終わり方」にありました。1945年7月26日、日本に対して降伏を要求する「ポツダム宣言」が発せられました。発したのはアメリカ、イギリス、中華民国です。

日本は8月14日にこれを受け入れて降伏するのですが、ソ連はその直前、8月8日に突然日本に対して宣戦布告をし、翌9日に奇襲攻撃をかけます。この8月8日は広島への原爆投下と長崎への原爆投下の間にあたります。

その時点でソ連と日本の関係はどうだったかというと、「日ソ中立条約」によってお互いに戦争をしないという約束を結んでいました。これは1941年に結んだもので、有効期限は1946年4月まで。その1年前までにどちらかが破棄を通告しない限り有効というものでした。1944年4月にソ連から延長しないという通告はありましたが、ソ連が宣戦布告した時点ではまだ中立条約が有効でしたので、これは条約違反です。

日本が8月14日に降伏したことで連合国側の攻撃は止まりましたが、ソ連軍だけは攻撃を続け、8月28日から9月5日までの間に北方四島を不法に占拠しました。降伏直後の日本でしたので、いっさい抵抗することができませんでした。

東北地方まで支配したがったソ連

その後、日本は連合国によって占領されます。このとき、ソ連も日本を分割しての占領を望みましたが、アメリカに拒否されます。

1951年9月8日、サンフランシスコ平和条約が連合各国との間で結ばれたことで、日本はようやく主権を回復します。

しかし、ソ連にとってはこの条約が非常に不満でした。ソ連はドイツと同じように日本を分割して北海道、東北地方までをソ連が統治することを望んでいました。

幸いにして日本は分割統治を免れましたが、サンフランシスコ平和条約が不服であるソ連と、ソ連の不当な占領に抗議する日本との間で、平和条約は締結されませんでした。

1956年、日ソ共同宣言により、両国の国交の回復と関係の正常化がなされました。ようやく「戦争状態」が終わったとはいえますが、日本とロシアの間にはいまだに平和条約は締結されていないのです。

いまだに不法に占領され続けているというのに、国民的関心が低いのは不思議なことです。戦争末期と終戦直後は、日本中が意気消沈していたので、経済回復に重きが置かれてしまった背景もあるのでしょう。

こうした経緯から、日本とロシアとの間には、「サンフランシスコ講和条約」をソ連が拒んだため、「平和条約」が締結できていない。つまり戦争が終わった状態になっていないのです。とはいえ、「日ソ共同宣言」のおかげで国交は正常化しているわけです。平和条約はないけれども、両国が外交的に激しく対立しているかというと、決してそうではありません。むしろ、両国の交流の歴史の中で、現在がもっとも安定しているといえるのではないでしょうか。

しかしながら、両国間には国境問題が依然として横たわっているのも事実です。

安倍晋三首相は、こうした状況を打開すべく、プーチン大統領との首脳会談を重ねています。２０１８年11月、シンガポールでプーチン大統領と会談するにあたり、安倍首相は、「私とプーチン大統領の手で必ず（平和条約締結の問題を）解決していくとの強い思いのもと、じっくりと話し合い、交渉をしっかりと前進させていく決意だ」と、思いの強さを述べています。

そして、この会談により、「１９５６年の『日ソ共同宣言』を基礎に平和条約交渉を加速する」という共通認識を得ました。

現在私は、外務副大臣という立場にあり、何とかして交渉をまとめあげるという職務に就いています。したがって、交渉の内容をことこまかく言うことはできません。ただ、毅然として日本の立場を主張していくのはもちろん、しっかりと現実を見ながら充実した成果を得られるよう努力していることはご理解ください。

同盟国との間にある領土問題

日本は国土が小さいと言われています。領土面積でみれば確かにその通りで、世界で61番目です。ところが、領海と日本の権益が及ぶ「排他的経済水域」でみると、**全世界で6番目にまでランクアップする**のです。

さらに、2012年4月に発表された国連の**大陸棚限界委員会**の裁定により、日本の大陸棚の延長が認められました。さらなる大陸棚の延長も審議されています。

これだけの面積ですから、そこには当然、豊富な海底資源が眠っているのですが、実をいうと、排他的経済水域の境界というのはいまだにはっきりとは決まっていないところがたくさんあるのです。

たとえば小笠原諸島周辺の海域の境界は、「円ではなく直線」であるというように、まだ定められていません。

この境界を決めるための交渉相手は、実はアメリカです。アメリカのように信頼関係の深い同盟国が相手でもいまだに交渉がまとまらないのですから、国境をはっきりさせるということがいかに困難なことかかわかります。これが中国やロシアが相手となればさらに揉めるのは当然のことです。

竹島なんていらない!?

領土紛争に関する話を聞くことは、愉快な話ではないでしょう。だから、これまでの日本はそういったことを先送りにしてきました。

しかし、当たり前のように中国の艦隊が沖縄沖を通過し、北朝鮮のミサイルが日本上空を飛んでいく時代となったいま、知らないですむ話ではありません。本当の意味で「日本を守る」ためには、政治家だけでなく、国民全員がそのことについて考えていかなくてはならないのです。

はっきりいって、これまで日本人はあまりにも自国の領土に関して無関心でした。竹島（韓国名：独島《ドクト》）の問題が大きくクローズアップされたときも、一部の人たちからこんな声が上がりました。

「別に、無人の小島なんていらない」

「面倒なことになるなら竹島なんて韓国にあげてしまえばいい」

「島を譲って日韓関係が良好になるなら、そのほうが得策だ」

これは、事実を完全に見誤っています。

領土というものは、面積とか資源とか、そういったことだけで価値が決まるものではありません。どんな場所で、どんな形であっても、**私たちが先人から受け継いできた大事な国土です。**

あなたの家の庭の隅に小さな池があって、隣人から「せっかくの池なのに魚を飼っていないのはもったいない。私はたくさん魚を飼っているので、その小さな池を譲ってもらえませんか」と声をかけられたら、あなたは「どうぞ」と応じるでしょうか。

譲ったら、隣人は魚に餌をあげるために、毎日あなたの家の庭に入ってくることになります。

初めの頃こそ丁寧に挨拶してくるかもしれませんが、いつしかそれが当たり前になり、行動範囲も池だけでなく徐々にその周辺に広がり、やがては庭全域にわたって我がもの顔に振る舞うことになるでしょう。領土問題もそれと同じで、一度譲歩すると際限がなくなるのです。

たとえば、韓国に竹島を譲ったと仮定します。それですべてが平和的に解決するかといったら、そんな単純な話にはなりません。韓国側は次に「竹島だけじゃなく、対馬《つしま》も私たちのものだ」と言ってくるでしょう。その動きを見て、今度は中国が「韓国に竹島を譲るなら、尖閣諸島は、いや沖縄諸島は私たちのものだ」と主張してくる可能性があります。中国には「水に落ちた犬は棒で叩け」という言葉があるほどで、**一度譲歩してしまえばあとは際限がありません。**

こうやって少しずつ、しかし確実に日本の大切な領土が近隣諸国に奪われていってしまったら、もう日本の領土は守れなくなります。小さなひとつの島を譲るということが、ゆくゆくはもっと大きな領土を譲ることにもつながるのです。

反日デモの裏側からみえてくるもの

私は2011年8月1日に、新藤義孝衆議院議員、稲田朋美衆議院議員と共に、韓国の竹島の活動拠点となっている鬱陵島《ウルルンとう》を視察するため韓国へ飛びました。テレビや新聞で大きく報道されたのでご存じの方も多いかと思いますが、私たちは韓国の金浦《キンポ》空港に到着したと同時に別室に連れて行かれ、入国を拒否されました。

こちらは大きく報道されたわけではありませんが、私たちが韓国に行く前日、先に現地に向かった下條正男拓殖大教授も理由なく入国を拒否され、乗ってきた飛行機の帰りの便でそのまま日本に送り返されました。

「私たちはテロリストなどではないのに、どうして入国できないのか」と尋ねると、韓国の入国管理事務所長の答えは「あなたたちの身の安全が保証できない。日韓の友好関係にも悪影響を与える」というものでした。

しかし、私たちは韓国に対してなんら害のある行動はしていないのです。日韓両国の未来のために鬱陵島がどのような状況になっているのか、わずか3人で視察に行き、そして韓国の国会議員と議論を交わしたいだけなのです。韓国の治安を乱す行動など考えられません。だいいち、入国の目的や視察内容について私たちはなにひとつ聞かれていません。にもかかわらず、韓国がテロリストに適用する出入国管理法の条項を私たちに適用しました。

「身の安全が保証できない」という言葉の裏には、韓国で大掛かりなデモが起きたり激しい抗議行動が発生したりする危険があるという警告が含まれています。

実際、空港には200人以上のデモ隊が私たちを待ち構えていました。港には約900人、鬱陵島にも約300人が待ち構えていたといいます。

なにせデモ隊は、私たちの顔写真が入った垂れ幕を燃やしたり、食べ物を投げつけたり、それどころかロビーに棺桶まで持ち込んで威嚇《いかく》してきたのですから、まったく念の入った話です。

これが羽田空港や成田空港なら、絶対にこんなことは起こりません。空港のロビーに入る前にデモ隊は警官隊に止められるだけです。

韓国ではそれが起こりえたということは、公権力があえてデモを黙認し、好きにさせていたということです。

韓国のデモ隊が手にしている垂れ幕やプラカードはすべてハングルで書かれていました。本当に国際社会に向けてアピールしたいのであれば英語で書くでしょうし、日本に対する抗議活動が目的だったら日本語のプラカードを作るはずです。

それを、当の私たちが読めないハングルで作っているということは、このデモは日本や国際社会に向けたものではなく、韓国国民が自分たちを鼓舞《こぶ》するためにとった行動と考えられます。

翌年4月の韓国国会議員選挙や、12月の次期大統領選を念頭においた、李明博《イミョンパク》大統領（当時）や一部の国会議員らが自らの支持率アップのためのパフォーマンスとして利用した面もあったでしょう。

結果として私たちは韓国に入国できませんでした。それでも韓国へ飛んだ成果は大いにあったのです。というのも、私たちが入国を拒否され、韓国国民が過激なデモを繰り広げた事実が、日本や欧米でも大きく報道されたからです。

韓国政府としては、竹島に関して領土問題は存在しないと主張したかったでしょうが、ワシントン・ポストやアジアの英字新聞でもこの件が予想以上に大きく報じられ、**日本と韓国の間に領土問題があること、および韓国の日本に対する過激な姿勢が全世界に露呈し**

たのです。その後、アメリカは「日本海」を「東海」と呼ぶべきという韓国の主張を認めず、改めて「日本海」という表記を支持しました。これも、このときの行動の効果といえるかもしれません。

自分たちと違う意見は議論すらも認めようとしない韓国の「入国拒否」事件は、同国の外交の本質を自ら広く世界にアピールしてしまったようなものです。

当時の韓国は、竹島の実効支配を強化すべく日本の再三の抗議にもかかわらず、さまざまな挑発行為に及んでいました。

複数の閣僚が竹島への上陸を繰り返し、宿泊所など民間向け施設を拡大しては、24時間離発着できるヘリポートの建設を発注。さらには、仁川《インチョン》空港から成田空港に向かう新型旅客機のデモフライトでは、竹島の上空を飛行するパフォーマンスまで行う始末です。

竹島問題を表面化させることに成功

そんな韓国にとって、この事件はかえって大きな誤算となり、私たちが行動を起こしたことで、韓国国会による「独島守護対策特別委員会」の竹島開催の延期など、ほんの少しですが「竹島問題」に風穴《かざあな》が開きました。

なにより韓国政府にとって予想外だったのは、日本国内における報道の大きさでしょう。日本人が竹島の領土問題に気づいてしまったことは彼らにとって最大の失敗です。

若者を中心に日本人の領土意識が非常に低いことを、韓国政府は十分にわかっています。しかし、新聞やニュース、そしてワイドショーまでもが私たちの入国拒否の模様をかなりの時間を割いて放送しました。

実際、こういった番組を見て「初めて竹島問題について知りました」というメールや「よくぞ行動してくれた」という激励《げきれい》をたくさんいただきました。

外国からの脅威を防ぐのは国民の意識

鬱陵島事件の顛末《てんまつ》からも明らかなように、領土問題に関して大切なのは、とにかく**国民一人ひとりが意識的に真実を理解すること**。この一点にかかっています。

政治家や官僚が、よく「国民の領土意識を超える領土政策は作れない」と言いますが、国民の領土に対する意識を高めなければ、国の領土政策も成果を上げることは困難です。

そのことと関連させて、次に**「北方領土の日」**について考えてみましょう。

これは、政府が全国的な北方領土返還運動の一層の推進を図るために1981年に制定したもので、制定当時はこの日が近づくと政府広報としてテレビで「2月7日は北方領土の日です」と告知されてきました。ですから、一定の年齢以上の方であれば、2月7日がその日だと即答できるはずです。

北方領土返還運動に関しては、各地で市民大会が開かれれば、総理大臣や閣僚も出席します。内閣府には「北方対策本部」という部署も設置されています。

では、「竹島の日」についてはいかがでしょうか。「他国に不法占拠された領土問題」である点は、北方領土と同じです。では、竹島の日はいつと定められているのか？　答えは2月22日です。

「竹島の日」は、2005年に島根県が独自に「竹島の日を定める条例」で制定したのですが、年配の方を含め、こういう記念日があることを知らないという人も多いのではないでしょうか。その理由はわかりませんが、「竹島の日」の催《もよお》しものや竹島返還運動の大会に参加する政府関係者は、なぜかひとりもいません。

こうした一つひとつの状況が、領土問題を国民の意識から遠ざけているのではないでしょうか。事実、政府における竹島問題は、外務省の北東アジア課の一担当者が担当しているだけ。内閣府に専属の部署は存在しないのです。

このことに関しては、自民党も反省すべきでしょう。戦後、自民党がとってきた及び腰の領土政策・外交政策が、現在まで尾を引いていることは明らかです。

「領土」と名の付く委員会が国会に存在しないのは、私が国会議員になって驚いたことのひとつです。国家はそもそも、それを構成する基本要素として「領土」「国民」「主権」を挙げているというのに、領土に関する委員会が国会にないという状況は異常といえます。ぜひとも是正する必要があります。

こうした状況をふまえ、私たち自民党は2009年、「領土に関する特命委員会」を党内に設置しました。与党となった現在も、尖閣、竹島など、領土に関する問題についてさまざまな議論、提言を行っています。

こうした日本の危機感の薄さとは対照的に、韓国国会には領土に関する委員会がきちんと存在しています。私たちが鬱陵島視察を計画するきっかけになったのも、韓国の「独島守護対策特別委員会」が竹島で開催される計画があったからです。

そういった動きを牽制するために、「鬱陵島には資料館があって、いろいろな展示物があるけれども、そこには歴史事実と違う部分が多々ある。ぜひとも現地を確認して、韓国の国会議員と議論しましょう」と、あえて委員会が開かれる直前に私たちは行動を起こしたのです。

この訪問の趣旨について事前に通知しておいたのですが、それに対して韓国国内では私たちの想像を超える過剰な反応を示しました。彼らは、日韓両国の国会議員同士での議論になったら韓国側の分が悪いことを理解しているのです。

ご存知の方も多いと思いますが、いわゆる「慰安婦《いあんふ》」問題や「徴用工《ちょうようこう》」訴訟問題、さらに韓国海軍レーダー照射問題や、福島県産などの水産物禁輸問題など、日韓関係はかつてないほど感情的なヒートアップと、交流の冷え込みを見せています。丁寧な外交を実行している立場からすると内心忸怩《じくじ》たる思いがあります。

しかし、「短気は損気」です。東アジアにおいて、日米韓の軍事同盟が非常に重要であるという事実はいささかも変わりません。時間はかかるかもしれませんが、引き続き粘り強く交渉していくことが、なにより大切だと考えます。

一番怖いのは日本人の無知・無関心!?

さて、これまでに挙げてきた事案の数々を、すべて知っていたという人は多くないのではないでしょうか。それどころか、そもそも領土や領海について興味がないという人が圧倒的多数を占めているかもしれません。特に年齢が若い人ほどそういった傾向は強いはずです。

このことについては、日本がおかれている現実を、危機感をもってきちんと伝えてこなかった私たち政治家にも責任があります。

「いままで平和だったのだから、これからも大丈夫だろう」とか、「少し前まで韓流ブームだった日本が、東アジアの国々と揉めるなんてありえない」など、そんな甘い考えや妥協から、先送りにしてきた領土や戦後処理の問題が、いま日本の安全を脅かしているということを知っておいてほしいのです。

また、こうした状況下においてさえ、いまだに自衛隊に対して偏見を持っている人もいますし、在日米軍不要論を声高《こわだか》に叫ぶ人もいます。

確かにいろいろな考え方があってよいでしょう。しかし、もしも自衛隊がなくなったら、どんなことが起きるでしょうか。米軍が撤退してしまったら、はたして何が起きるでしょうか。誰がこの日本を守れるのでしょうか。現実的なシミュレーションはできているのでしょうか。

私は、それどころか、現在の自衛隊の陣容でさえ、まだ日本を守りきるには不十分であると考えています。

現在、日本に配備されている基地や部隊には、そこを拠点とするだけの明確な意味があります。ですから、何の先見性もなしに基地や部隊を動かしたり、減らしたりすることは非常に危険なのです。

にもかかわらず、自分の選挙を有利に進めようと考え、そうした問題点には触れないいま理想論だけを並べる政治家もいます。

でも、みなさん考えてください。**たとえ耳にうるさく聞こえても、いま、日本のどこが、どういった危機に直面しているのかという情報を、本気で国民に伝えることが大切なのです。**それができなければ、リーダーたる資格などないと思うのです。

4限目

戦わずに国を守る

方法を提案します

個別の解決策と根本的な変革が必要

さて、この「4限目」では、日本の平和を守るためには何をしたらいいのか、できるだけ具体的な提案をしていきたいと思います。

まずこれまで提示した個別の問題について、何ができるのかを考えてみます。これは今後の私がやっていくべき宿題ともいえます。特に情報発信は、国会議員だからできることでもあります。

また、私が所属する自由民主党の中でも、しっかり主張していきますし、野党議員にも理解してもらえるよう、丁寧に訴えていくつもりです。

それと同時に、そうした個別の問題だけでは解決しないこと、より具体的に言うと、日本の防衛意識を高めるために、どんなことが必要かを考え、提案したいと思います。

それらはみな私個人の意見ですから、みなさんの中には、そうではないと感じる方もいるかもしれません。

私の歩みは、防衛大学校で学び、自衛隊員として訓練を積んで任地に赴き、ＰＫＯの部隊を率いる隊長として現場を取り仕切り、参議院議員として国政という場で知識と経験を得るというものでした。そういった基礎の上に成り立った意見だとご理解ください。

人それぞれ、生きてきた環境が違えば、感じ方、考え方が違いますが、それは当たり前のことです。多くの場合、多様性を認め合えることは良いことだと思います。

でも、もし真実を見ないで、いやなことからは目を背けて、「なんとなく反対」というのであれば、それでは問題解決の糸口は見えてきません。覇権主義的に「力による現状変更」を求めている国があるという現実を直視して対策をとらねばなりません。

平和と安全を求めるというゴールはみんな同じはずです。ですから、同じ対象物を見て、議論をして、より良い道を考えていきましょう。

南シナ海問題で日本がやるべきことは真実の発信

「3限目」で、非常に多くのページを割いて、南シナ海における中国の横暴について説明をしました。しかし、その内容が理解できても、事態を変化させる「切り札」がないのが正直もどかしいところです。

できることはというと、愚直に事実を語り、ひとりでも多くの方に真実をわかってもらうことだと思っています。

特に伝えるべきことは「現在中国がしていることは違法」だということです。当事国のフィリピンが巨額支援で懐柔されようとも、裁判所の裁定が出て、国際法違反であることが明確になりました。

青い海のサンゴ礁を掘って砕いて埋め立てるという行為が、地球環境の破壊であると指摘され、誰のものでもない公海を囲って我がものにすること、上空の飛行機を脅かそうとしていることには、なんの法的根拠もなく、違法であるという判断です。

私たち政治家は、そのことを国民に、そして世界の国々に知らせて、ともに中国に対して行動を改めるように抗議していかなくてはなりません。

国際会議の場でも、あらゆる2国間会談の場でも、日米、日台、日韓、ASEANなどさまざまな会合の場でも、中国がやっていることについて意見を出し合い、話し合っていくことが、中国の「力による現状変更」への圧力になるはずです。

「法の支配」から逸脱して、他国の都合を考えずに自己の利益だけを追求するような国家は、国際社会から手痛い反撃に遭うという事例になってもらわなくてはいけません。

その一方で、民間の交流をしているみなさんも、非常に有効な「別ルートの解決策」です。誠実な交友関係を続けることが、遠回りのようで意外と近道なのかもしれません。

古代より東アジアの「先生役」だった中国が、現在このような立場にあることは、本当に悲しく、残念なことです。

南シナ海といえば、現実的に頭が痛いのが先に綴《つづ》ったシーレーン（油の道）です。もしも中国がタンカーの通航は危険だぞと主張しだしたら、日本に石油が入ってこなくなる可能性があるのです。

共通の悩みを持つ韓国や台湾と連携すること、あるいは別の「油の道」を確保することも重要になります。

たとえばロシアとの協力関係の先に、新たなエネルギー政策や「海の安全保障」の可能性があるかもしれません。

関係国の海の監視能力を高めるために、フィリピンやベトナム等への巡視船や偵察機の供与や、その取り扱い教育、各種訓練支援や能力構築支援なども外交の一環として推し進めるべきです。また、岩礁埋め立ては違法であり、「力による現状変更」は認められないという国際法上の立場を中国に認識させるために、アメリカが行っている「航行の自由作戦」を支援することも重要です。

日本としては、アデン湾での海賊対処活動の行き帰りを利用して、関係国との共同訓練や多国間訓練に参加するなど、南シナ海における自衛隊の活動量を増やすことも忘れてはなりません。さらには南シナ海における米海軍等との共同、あるいは単独での哨戒《しょうかい》活動を検討する必要があるかもしれません。

尖閣問題解決へ決意せよ

先述したように2010年には、中国漁船による日本領海内での衝突事件がありました。尖閣諸島沖の領海をパトロールしていた海上保安庁の巡視船「みずき」が、中国籍の漁船を発見し、退去を命じましたが、漁船はそれを無視して違法操業を続行しました。そして、逃走時に巡視船「よなくに」と「みずき」に意図的に衝突し、破損させたのです。

その後、逮捕された船長は那覇地方検察庁石垣支部に送検されましたが、中国は「尖閣諸島は中国固有の領土である」という主張を根拠として日本国大使を呼び出し、船長・船員の即時釈放を要求します。時の民主党政府はこれに応じて船長以外の船員を中国に帰国させ、漁船も中国側に返還してしまいました。そして結局、中国人船長も処分保留で釈放したのです。

この事件により一躍注目を集めた尖閣諸島ですが、この事件の前はどれだけの国民が尖閣諸島を「日本」の領土として意識していたでしょうか。

とはいうものの、国会議員とて人のことは言えません。この事件を受けて陳情《ちんじょう》に来た石垣市長や市議団に対し、当時外務大臣であった田中眞紀子議員は、なんと「わざわざ島根県からご苦労様」といったのです。

ちなみに尖閣諸島は、沖縄県石垣市に属します。

この事件が起きたときにも、やはり一部の人たちから「揉めるぐらいだったら、あんな小島は中国に譲ってしまえばいいのに」という意見がありました。

一方の中国は、日本の閣僚級の往来を中止したり、日本への中国人観光団の規模を縮小したり、さらにはレアアースの対日輸出を停止したりするという圧力をかけてきました。日本が揉めさせたくなくても、中国にその気はありません。中国国内で働いている日本人が「無許可で軍事管理区域を撮影した」として身柄を拘束されるという「事件」も起きています。中国政府は漁船事件とは無関係だと言っていますが、とても信じられません。

こう書けば、いかにも中国の態度は見え見えですが、それに対して日本が毅然とした態度を取り切れていないのも事実です。

何度も言いますが、それは領土に対する意識が低いからです。領土よりも、目先の経済活動を優先させてしまう一部の日本人がいます。確かに中国は、日本の多くの企業にとって無視できないマーケットです。中国はそういった日本側の弱さをよくわかっているので、ここぞとばかりに揺さぶりをかけてくるわけです。実際、経済界から「中国の言う通りにして、いますぐ輸出制限を解いてもらえ」という意見が相当数、政府に寄せられました。

やはり領土と主権を守るためには、「自分たちの生活をある程度は犠牲にせざるをえない」というくらいの気概は必要だと思います。中国には経済活動に影響が出てもかまわないというくらいの覚悟があります。中国は資源や一部商品の日本への輸出を止めました。この問題が長期化したら逆に中国経済が大きなダメージを被《こうむ》る可能性があるにもかかわらずです。実際、その後、日本企業の間でチャイナリスクが高まり、生産拠点を中国からインドやASEAN諸国へシフトしていく流れが加速したのです。

残念ながら、もっと国民の意識を高めないと、いまの日本では中国の揺さぶりには対応しきれないでしょう。政治家がだらしないことは、そのひとりである私の責任でもありますが、私も政治家として、国民のみなさんの意識を高めていただくための活動に力を注ごうと強く思っています。

粘り強く守るコーストガード導入を

尖閣諸島では海で、空で、終わりの見えない挑発行為が続いています。一時的には、想定外の中国漁船沈没・人命救助により、中国から称賛を得ることができたかもしれませんが、それで挑発を終結させるような相手ではないことを私たちは知っています。

お伝えしてきた通り、宮古島や奄美大島に陸上自衛隊の駐屯地を設けるなど、島を守るための抑止力は強化しましたが、海を守るための警備体制には向上の余地があります。

海上保安庁のみなさんは、常に警戒にあたっており、その消耗も限界レベルに達しているのではないかと心配しています。人数や装備が十分とはいえないからです。

前にも少し触れましたが、2014年の10月と11月には重大な事件がありました。小笠原諸島、伊豆諸島近海でとれる「赤サンゴの密漁事件」です。このあたりの赤サンゴは「宝石サンゴ」と呼ばれるほど、価値が高いのです。

当時、海上保安庁は尖閣諸島の対応にも追われていて、小笠原諸島周辺の領海や排他的経済水域の警戒が手薄になってしまいました。はからずもこの事件により、中国側に海上保安庁の警戒の層が薄いことを知られてしまったのです。

それらの教訓を踏まえ、現在、尖閣諸島周辺海域での領海警備の万全を期すため、その専従部隊として石垣島に大型巡視船10隻を配備したほか、那覇にヘリコプター搭載型巡視船2隻の装備向上を図りました。現在、海上保安庁の定員は尖閣諸島国有化前より約1300名増員し、約1万4000人です。

ただ、現実問題として、中国がさらに漁船を動員して、同時多発的に分散し領海侵入を行ったらどうなるでしょうか。中国側は簡単に侵入を2倍にでも3倍にでもできるでしょうが、海上保安庁の備えを増強するのは簡単なことではありません。

実際、中国海警局は近年、大型船を3倍の120隻にしました。2019年には135隻に増やし、1万トンを超える超大型巡視船も建造中です。

尖閣諸島の魚釣島をバックに、小さな日本の巡視船の隣に中国の超大型巡視船が並び、その周りに漁船がいる映像を全世界に配信されたら、中国が尖閣諸島を実効支配していると思われてもしかたがありません。

そうであれば発想を変えて、アメリカのコーストガードを参考に、沿岸警備のスペシャリストを中心とした新たな組織を海上保安庁の中に作り、そのメンバーによって増員するのが理想的だと思います。

そのような議論になると、海上保安庁をアップグレードしたものにするのがよいのか、それとも海上自衛隊をダウングレードしたものがよいのかという話になります。

私は個人的には海上保安庁のレベルを上げるというかたちが望ましいと思っています。

中国による挑発は、中国海警に対して海上保安庁では対応が困難な状況を作り、海上自衛隊が出動せざるをえない場面、すなわち中国の警察に対して明らかに「軍」を先に動かしたのは日本だという証拠動画を撮るためにやっています。ビデオを撮影して、正々堂々と争いをエスカレートさせたいのです。ですから、沿岸警備は「軍」ではないという部分が非常に重要なのです。

アメリカのコーストガードは、通常は「海の警察」として機能し、万一の際は軍の一部隊として機能します。

一方、海上保安庁が警察権の行使しかできないのであれば、「国」扱いになる中国海警の巡視船等の公船には手出しができません。しかし、海上保安庁の一部組織が通常は「海の警察」、やむをえない場合は「軍」的に自衛権を行使できる組織となれば、中国公船に実効力を持って対処が可能となり、抑止力、対処力は格段に向上すると思います。そのようなかたちが模索できないか、私はさまざまな角度から引き続き研究していきます。

現状、海上保安官のみなさんは、少ない人数で切れ目のない警戒をしています。その助けになる体制を早急に整える必要があるでしょう。

東シナ海の2国間問題は外交手腕で打開する

東シナ海には緊張感が漂ったまま、時間が経過しています。「逆さ地図」で説明した通り、中国大陸は日本の南西諸島によってフタをされ、窮屈なかたちを余儀なくされています。まずは押し出し口の尖閣諸島をとって、もしもアメリカが沖縄からいなくなる、あるいは在日アメリカ軍が機能しない状況があれば、あといくつか、いやできれば沖縄県を全部とってしまいたいというのが、中国の偽らざる本音でしょう。

この海域では日本と中国の排他的経済水域の境界線が決まっていません。狭い海でもあり、いままではどちらにとっても公海であり、どちらにとっても排他的経済水域であるような場所で、紛争にならないよう注意して扱ってきました。しかし中国が中間線ギリギリの海上にガスステーションを建造したことで情勢が変わりました。

この争いで日本が戦略的に守らなくてはいけないこと、それはとにかく中国の航空管制レーダーの設置による東シナ海防空識別圏の有効化を許さないことです。

すでに海上監視レーダーは設置されています。中国が航空管制レーダーを設置するためのインフラは整っていますので、あとはそれをやるかやらないかという段階です。やるということになれば、それは「国境」の近くで、あからさまに「覇権拡大の準備」をしているという意味になります。そう受けとられて当然ということです。

中国にとってもそこまで緊張感を高める必要があるかどうかは考えどころでしょう。サラミスライスとか、ジワジワというレベルの話ではなくなるからです。

確かに東シナ海の日中問題は、2国間だけのものですが、これ以上緊張を高めることは、国際社会も望んでいません。それは真実です。たとえば、この問題が南シナ海のシーレーンに発展すれば、韓国と台湾はとばっちりを受ける可能性があります。日中両国と関係が深いヨーロッパ各国にしてみれば、「おとなげないケンカはやめなさい」という見方になるはずです。ですから、日本はあらゆる外交ルートを駆使して、中国に「臨戦態勢」をとらせないよう働きかける必要があります。

日中間協議に加え、国際社会の力を借りて穏便に済ませる。これこそが外交手腕といえるのではないでしょうか。ベトナム、フィリピン等との多国間連携に加え、「知恵」を国連の仲裁裁判所に使い、提訴することも一案です。また、東シナ海に採算を度外視してガスステーションを数基建設した中国が航空管制レーダーを設置するなら、日本もレーダーを設置するぞ、との実力行使も視野に入れる必要があるのではないでしょうか。大事なことは中国に航空管制レーダーを設置させてはならないということです。

現在、私は外務副大臣として、さまざまなカードを使い分けながら、諸外国との交渉にあたっているところです。

南シナ海問題への「温度差」埋める努力を

2015年4月15日にドイツ・リューベックで開かれたG7（先進7カ国＝フランス・アメリカ・イギリス・ドイツ・日本・イタリア・カナダの）外相会合では、東シナ海と南シナ海をめぐる中国の行動を牽制する内容を含んだ文書が採択されました。

同年6月7日に開かれたG7エルマウ・サミット（ドイツ）の会合においても、南シナ海の南沙諸島で大規模な岩礁埋め立てや、人工島の建設を進める中国への対処が焦点となりました。自由と民主主義、法の支配や人権の尊重などを共通の価値観とするG7が、中国による越権的な行為を非難するのは当然です。中国の最近の行動を力による「現状変更の試み」と位置付けたことは極めて大きな意味があります。2016年に日本で開催された伊勢志摩サミットでは、ホスト国の日本がアジアの代表として中国に対する非難の声を上げました。

しかし、問題もあります。それは、緊張が高まるアジアの海洋問題をより声高に国際社会に訴えていく必要があるにもかかわらず、日米とそれ以外のG7の国々とでは認識に温度差があることです。

国際開発金融機関のひとつで中国が主導するアジアインフラ投資銀行（AIIB）へイギリス、フランス、ドイツ、イタリアは次々と参加を表明しました。その動きを見ても明らかですが、欧米の先進国と中国の経済的な結びつきは強く、また、彼らにとって南シナ海での出来事は、国境を接しているわけでもない遠い国の話でもあります。こうした状況下で中国の動きを封じ込めるのは、日米にとって簡単ではありません。

G7の場で議題に挙げても、日米以外が具体的解決の方向まで議論を進めるとは考えにくいでしょう。日本が積極的にリーダーシップをとる必要があります。

竹島返還への一歩は天気予報から

島根県の北にある竹島は、現在は韓国によって奪われ、実効支配されています。しかし古来、日本に帰属する島なのです。

大戦後、連合軍による日本の占領状態を終わらせるサンフランシスコ平和条約の案をアメリカが起草するとき、韓国は日本に竹島を放棄させるように求めました。これに対してアメリカは明確に「竹島は朝鮮の一部として取り扱われたことはなく日本領である」と、韓国の要請を認めず、拒絶したのです。

先人から受け継いだ大切な領土は、どんなに小さな島であろうと守り抜かなくてはなりません。不当に奪われているのなら、なおのこと、一時期の判断で「もういいや」と、あきらめてしまってはいけないのです。

振り返れば、日本は竹島領有への教育が足りなかったといえます。中国でもそうですが、韓国では極端なまでに戦前・戦中の日本について「悪い国だった」と植え付ける教育をしてきました。そんな中で、韓国は、小さい子どもの頃から竹島の領有権について、自国のものだと頭に叩き込む教育を実施しています。

一連の慰安婦問題、徴用工訴訟、レーダー照射なども、その先鋭化かもしれません。

そういう国々を相手にして、日本はもう少し対抗しなくてはいけなかったのではないかと思うのです。

戦後の学校教育におけるイデオロギーの問題、および近現代史の不十分な教育時間の問題が影響してきたと私は考えます。ひとつひとつの問題について本質を見ることなく、ひとまとめに「戦前・戦中の日本は悪」というイメージだけが強調され、竹島に関する歴史的事実に関する教育が十分になされてこなかったことにつながり、非常に悔やまれることです。しかし、いまからでも遅すぎることはありません。竹島が日本独自の領土であるのに、韓国によって不当に占拠され、実効支配されてしまっていることを、問題にしなくてはいけません。

まずは毎日の天気予報「全国の空模様」の中に竹島、北方領土、尖閣諸島を入れましょう。日本の国境の島々の名前と位置を正確にテレビ画面や新聞に載せ、その地域の天気予報を知らしめることによってこれらの島々が、日本の領土であるという事実をみんなで共有することにつながると思います。

日米同盟をさらに深化させよ

２０１５年４月29日、安倍晋三首相が**米議会上下両院合同会議**で行った演説「希望の同盟へ」は、日本の安全保障政策を大きく前進させるという意味で、内容的にとても素晴らしいものでした（原文は英語ですが、外務省のホームページに日本語訳したものが全文掲載されています）。

首相が個人的な留学体験も交えながら述べたのは、世界の民主主義をリードするアメリカ合衆国と、日本との長年にわたる深い絆です。

両国の間には、第二次世界大戦という悲しい歴史もありました。しかし、それを乗り越えて和解の努力を重ね、アメリカのリーダーシップのもと、互いに感謝の心を持ちながら共存共栄の道を歩んできました。

20世紀後半には、志をともにする他の民主主義諸国とともに東西冷戦にも勝利しました。

こうして、**今日の平和と繁栄を築いてきた日本がいま取り組んでいるのが、日米同盟のさらなる強化です。**

日米防衛協力の新しいガイドラインが日米両国間で確認され、その実行を裏づける法整備がなされました。この平和安全法制については、「1限目」で説明した通りです。

とりわけ国際社会で日本に求められ、また自国のためにも必要とされているのが、アジア太平洋地域の平和と安全であるのはいうまでもありません。

安倍首相が就任直後に論文で明かした**「アジア安全保障ダイヤモンド構想」**が、この演説で再び同盟のミッション（役割）として盛り込まれたのも、そうした方向性を揺るぎないものにしようとする意思の表れといえるでしょう。

インド洋から西太平洋にかけて共有する海を守るために、豪州、インド、日本、ハワイ州が連携して「ダイヤモンド」を形成することになれば、単に日米の関係を深めるという以上の意味をもつことになります。

「同盟力」で戦争を回避する

しかし、安倍首相を筆頭に政権与党がその意義をいくら強調しても、日米の同盟関係と、集団的自衛権の行使にはリスクをともなうということを理由として、強固に反対の姿勢をとる人たちもいます。そうした人たちは日本がアメリカ寄りの政策をとることで、アメリカと対立する国を刺激し、回りまわって日本への風当たりが強まるのを懸念《けねん》しているのでしょう。しかし、それらが現実を正しく分析しているかというと必ずしもそうではなく、単なるイメージで語っていることも少なくありません。むしろ、政治的な駆け引きとして言っているだけという意見も見受けられます。

確かに、〝風当たり〟がないわけではありません。たとえば中国です。２０１５年5月26日に発表された中国の『国防白書』は、「日本の安保政策の転換」と、「地域外の国の南シナ海への介入」が中国の国家安全にとって「外部からの阻害と挑戦」であると明確に打ち出しています。

ここでいう「地域外の国」とは、もちろんアメリカのことでしょう。中国政府の公式文書で中国人民解放軍の仮想敵をこのように示したのには、自衛隊や米軍との東シナ海などでの軍事衝突に備えようとの意図が感じられます。

日本国内の野党勢力は、こうした状況を「証拠」として持ち出し、だから平和安全法制を「悪だ」と言うのでしょう。

しかし、これは話の順序が逆なのです。中国が海洋権益を求めて外洋への拡張を推進したり、軍事力をバックに周辺国に対して領有権問題などで強硬姿勢や拡張路線を示したりしなければ、日本も集団的自衛権の議論をここまで早急に進める必要はなかったのです。

同白書では、中国の海軍を近海型から遠海型へ、空軍を領空防護型から攻防兼務型へ変更する必要性についても述べています。「攻防兼務型」とあるのは、中国軍が作戦の範囲を広げ、先制攻撃をかけてくる可能性もあることとの意味でもあります。それが、いまの中国の軍事戦略なのです。

ほかの国に目を転じると、現在、安倍首相による米議会演説に批判的な立場を表明しているのは、中国のほかに、北朝鮮、韓国があります（ただし、韓国国内には歴史認識と安保政策は切り離し、日米と歩調を合わせるべきだと考える識者はいます）。

この演説がアメリカ国内で評価が高いのはもちろんですが、先の3国以外からは批判の声が聞えてこないのは、日本の行動になんら矛盾がないことを証明しています。

日米同盟の真の姿を伝えよ

それでも「これだけ連携が強くなると、アメリカから兵を出すように要求されたら断れないのではないか」という声があるのもわかります。

しかし、平和安全法制では、**日本はアメリカの要求を拒否できるしくみになっています。**

集団的自衛権といっても、目的は「他衛」ではなく「自衛」であり、日本に関係のないところでは行使できません。

法案が成立したからといって、たとえば自衛隊がアメリカまで行って、アメリカを守るなどということはありませんし、アメリカも日本に対してそんな期待をしているわけではありません。それは、締結された「新日米防衛協力指針」にも明記されています。すなわちアメリカも理解しているのです。

集団的自衛権を行使する一例に、こんなケースがあります。

現在、韓国には約3万人もの在外邦人が在住していますし、アメリカ人、フィリピン人、ベトナム人は日本人より多くいます。万が一、朝鮮半島で有事が発生したら、多くの国が数十万の第三国人を民間と軍の輸送手段を使って、韓国から近い日本に運ばないといけません。その際、在外邦人を救出するために、北朝鮮から救出活動などを行っている外国船の護衛をする必要があります。

現行法では、日本本土が攻撃されたり、宣戦布告をされたりしない限り、外国の救出船の護衛を行うことはできませんが、集団的自衛権の行使を容認することにより、それができる場合もあります。

情けないことに、この程度の安全保障を実現するためでさえ、精一杯の知恵を絞っている段階なのです。ですから、日本の軍拡につながるなどという話ではありません。

日本の周辺やPKOの現場で同盟国と行動しているときに、「お互いに守り合いましょう」とか「お互いに情報を交換し合いましょう」といった常識的なレベルの話で、人間として当たり前の行動を認めるだけのことなのです。

でも考えてみれば、これは日本の身勝手ともいえるでしょう。

通常の集団的自衛権は、同盟関係にある二国間で、お互いに「やられたら助けに行く」「こちらがやられたら来てもらう」ものなのです。ところが日本の場合はフルスペックではなく限定的な集団的自衛権で、**「このまま放置したら日本人の暮らしや命が脅かされる」場合にのみ適用できる、自分に都合のよい集団的自衛権であって、アメリカまで行ってアメリカを守るようなものではありません。**限りなく個別的自衛権に近いものなのです（それでも国際法上は集団的自衛権といわざるをえません）。

仮に北朝鮮と韓国の間で衝突が起きた場合でも、米軍は韓国側に立って参戦し、イージス艦を日本海に展開しますが、その際、日本にはまだ直接戦火は及んでおらず、北朝鮮がはっきり宣戦布告を行っていないという状況下では、個別的自衛権は発動されません。個別的自衛権が発動できないからといって、結果として日本を守っている米イージス艦を自衛隊が守らなくてよいのでしょうか。ミサイルが日本に着弾し、国民に犠牲がでるまで自衛隊が何もしなくてよいとは思いません。こういうケースで自衛隊が米イージス艦を守る場合、国際法上は集団的自衛権の行使にあたりますが、あくまで目的は日本人を守る自衛であり、憲法の許容範囲と考えます。

現憲法下でできる限りのことをする

「お互いに守り合う」と言いながら、自分の都合で助けに行ったり行かなかったりするわけですから、本当のことをいえば、しっかり調整・説明しないと、現場の米軍は混乱するかもしれません。

唯一の例外が、ホルムズ海峡の機雷掃海です。先にも触れたように、機雷掃海は「武力行使」という意味づけになるため特異なケースになりますが、あとはほとんど中国・北朝鮮などの脅威を念頭においた、日本周辺での事態を想定したものばかりです。しかし、これが**いまの日本の、そして憲法第9条の限界なのです。**

このような現状で、アメリカとの相互の信頼関係を本当の意味で保つことは難しいでしょう。リスクを共有することで信頼は高まるものだからです。

私がイラクに派遣された2004年4月に、ペルシア湾で日本のタンカー「高鈴《たかすず》」が武装勢力に襲撃され、銃撃を受けました。守ってくれたのは米海軍とコーストガード(沿岸警備隊)です。そのおかげで日本のタンカーの乗組員は全員無事でした。しかし、米海軍兵2名、コーストガード1名の計3名の若い命が失われました。彼らにも小さな子どもがいましたが、「日本の油」のために犠牲となったのです。

そのときアメリカ側は何といったでしょうか。

「同じ活動をやっている仲間を助けるのは当たり前だ」

近年では日本用の石油タンカーに外国人が乗っていることが多く、「高鈴」にも日本人の乗組員はほとんどいませんでした。それでもアメリカは、「同じ活動をやっている仲間を助けるのは当たり前だ」と言ってくれたのです。それは、インド洋で海上自衛隊が給油活動にはげみ、陸上自衛隊もイラクやクウェートで汗を流していたからです。

議論の余地はあるにしても、憲法第9条が戦争を起こさないために盛り込まれた条項であることに、現状では私も異論はありません。それと同じく、**日米同盟もまた、日本が戦争を起こさないための必要条件**であると、私は自信を持って言うことができます。

アメリカ側でも、2014年11月にヘーゲル米国防長官が発表した「国防イノベーション構想」など、**同盟関係の強化に向けて着々と計画を進めています。**

アメリカは厳しい財政状況の中で軍事的優位性を維持・拡大するために、「長期研究開発計画」（LRRDP）を打ち出しており、その中で特に重視する技術分野を示しています。

「高エネルギーレーザー兵器」はそのひとつで、米海軍では既にレーザー兵器を艦艇に搭載し、試験的な運用を始めています。

長期的視点に基づきつつ、戦略を体系的に構築し、細部に落とし込むことで、必要な施策を具体化していくアメリカから、日本が学べることは少なくありません。

また、毎年シンガポールで開催されている「**アジア安全保障会議（シャングリラ会合）**」で、我々は日本と地域の国々との関係強化を目指し、新しい構想を提案しています。「シャングリラ・ダイアログ・イニシアティブ」（SDI）と名付けられたこの提案では、①共通のルールと法規の普及、②海と空の安全保障、③災害対処能力の向上などを柱としています。日本が南シナ海周辺地域における平和と安定に寄与する上で、とても意義のある構想です。このように、日本はいま、抑止力の強化を背景として、「対話」の部分、すなわち外交努力にも全力で取り組んでいるところです。

再び先の安倍首相演説から引用するなら、「国際協調主義に基づく、積極的平和主義」こそが、日本の将来を導く旗印です。**日米同盟は「希望の同盟」**といえるでしょう。

現行の憲法や国際社会の枠内で、最大限にできるだけのことをやろうではありませんか。

戦争を起こさせないのが政治家の仕事

私は常々言っているのですが、政治家にとって一番大切な仕事は国民をあらゆるリスクから守ること、つまり、戦争を起こさせないようにすることです。ここに異論を差し挟む人はいないでしょう。では、そのために本当に必要なこととは、いったい何でしょうか?

繰り返しになりますが、私は**「対話（外交）」**と**「抑止力」**だと考えています。

第二次世界大戦後、日本は70年間以上戦争をしませんでした。運がよかったわけではありません。平和主義に基づく外交努力と日米同盟による抑止力があったおかげです。

抑止力を日本側から実質的に支えたのはもちろん自衛隊ですが、自衛隊だけで日本の平和と安全を維持することはできません。

個別的自衛権は日本が攻撃を受けるか、日本への宣戦布告など、相手が明確な攻撃意図を示さない限り発動できません。

あらゆる事態に備え、いつ何時でも国と国民の安全を守ることができるようにするためには、できるだけ多くの国と自衛隊が連携して事態対処できる、集団的自衛権を含めた態勢整備が必要なのです。

なぜ沖縄に基地が必要なのかを理解してもらう

沖縄の基地問題に照らして考えてみましょう。2009年7月、首相就任前の鳩山由紀夫氏は、沖縄の**普天間基地**《ふてんま》の移転先について、県外移設の方向で行動を起こすと宣言しました。そして、首相就任後もその意見を貫きます。

普天間基地は街に隣接しているため、騒音問題はもちろんのこと、在日米兵による相次ぐ不祥事などの問題が指摘されてきました。大学敷地内への米軍ヘリコプター墜落事故を機に基地移設を求める声は大きくなり、その後さまざまな移転プランが検討されてきたのは事実です。基地の移転は他国の軍事戦略にも影響するデリケートな問題ですから、日本国内だけで決められる案件ではありません。本来ならば、何の根回しも配慮もなく発言することなどできない内容です。

にもかかわらず、鳩山氏は「国外に移設する。最低でも県外へ」と口にしてしまいました。普天間にある基地を県外あるいは国外に移設して、基地も沖縄に返還するという約束を、沖縄県民と交わしてしまったのです。

仮に実現させるにしても、最低10年はかかる大事業です。基地を移設ないしは返還するとなれば、普天間にいる部隊をほかの場所に移転させる必要があります。もちろん移転場所を先に決めることが条件です。仮に決まったとしても、それがゴールではありません。移転先の環境アセスメント（大規模な開発事業などを行う際に、事前に環境などへの負荷を調査・評価すること）が必要です。もし、鳩山氏が言うように移転先が「国外」だとしたら、環境アセスメントにはもっと時間がかかります。

環境アセスメントが終わってから、初めて基地の建設に取り掛かるのですが、仮にそこに部隊が移転しても、まだまだ問題は解決しません。普天間基地だった場所を返還するにあたっては、徹底的に安全化を図り、一般の人が使える状態にしないといけないからです。ひょっとしたら不発弾が埋まっているかもしれません。綿密な土壌調査をするには、膨大な時間とお金がかかります。

これらのさまざまな手続きと作業を経て、ようやく基地を解体できるわけです。どんなに短く見積もっても10年はかかります。

本来であれば、移設にはこれだけの時間がかかるということを周知徹底させなければならなかったはずです。それを、いますぐにでも移転が実現するかのように発信してしまったのですから、地元の方々を落胆させる結果となってしまいました。

基地には必ず「そこにある」意味がある

移設を公言する以上は、こういった工程が必要であること、そしてどれぐらいの時間がかかるのかという予定表を明示しなければ、嘘をついているのと変わりません。鳩山氏は、もしかしたら返還までに煩雑な手続きが必要となること自体を知らなかったのかもしれません(それはむしろ、もっとタチが悪いことです)。

ほどなくして移設問題は白紙に戻され、鳩山氏は首相の座を退きました。しかし、この一連の騒動は、現在なお続く基地の移転問題に大きな禍根《かこん》を残しています。

そもそもなぜ、沖縄に基地があるのか、そして、どうして米軍の海兵隊が必要なのかを考えてみましょう。本質から目をそらし、問題を先送りにしたまま移設についてだけ議論しても、正解は得られません。

まず、米軍基地を海外に移転すると、どのような弊害が生じるでしょうか。基地にはそれぞれ意味があります。米軍が沖縄に基地を置くのには米国側の思惑もありますが、なにより日本にとって「抑止力」になるというメリットがあるからです。

そこに米軍基地がある。へたに攻撃したら、逆にやられてしまうかもしれない——侵略を企《たくら》む国にそう思わせるだけで、誰も日本には手を出せなくなります。これが「抑止力」です。このような「抑止力」を、私はあえて**「報復力《ほうふく》」**といい直したいと思います。ようは日本に手を出すと、「報復される」と思わせる（手を出したら「痛い目に遭うかもしれない」と相手に思わせる）のです。

もちろん、ただ基地を置いたり兵隊を配置したりするだけで抑止力にはなるわけではありません。そう思わせるには、他国よりも強い力が必要になります。

しかし、いまの日本は「専守防衛《せんしゅぼうえい》」（こちらからは攻撃を行わず、敵が侵攻してきたら自国の領域において防衛すること）という方針のため、報復する能力を保持することができません。つまり、現在日本国内にいて、いざとなれば報復することも辞さないという明確な態度を打ち出すことができ、あわせて実際の能力も備えている組織は、在日米軍、しかも地上打撃能力を持つのは沖縄の海兵隊だけなのです。

報復力を持たない国はいつ攻め込まれても不思議ではありません。戦後、日本は他国から攻め込まれるような状況になったことがないため、想像しにくいかもしれませんが、沖縄から海兵隊がいなくなってしまったら、日本はたちどころに「報復力＝抑止力」を失ってしまうでしょう。

そのためにも彼らの協力はぜひとも必要です。単純な思いつきで移設したり返還したりすることは、日本に危険を招くことになるのです。

離島防衛という面においても、在沖海兵隊の果たす役割は大きなものです。

沖縄には尖閣諸島を含む多くの離島があります。離島に何か不測の事態が生じた時に、その島々に即応性をもって上陸する力は、先にお伝えした通り、ようやく陸上自衛隊の配備が進んでいる段階です。その先生役は、在沖縄海兵隊です。そして、こういった「報復力＝抑止力」のひとつとして、絶対に欠かせない要素が、普天間基地のヘリコプター部隊です。米海兵隊の一番の特性はファーストイン。つまり、何かあったときに最初に現地に入るという即応性です。米国海兵隊は24時間365日、常に可動する2000〜3000人規模の部隊を沖縄周辺に配置しています。その中に普天間のヘリコプター部隊も組み込まれています。ヘリコプターが兵員も物資も乗せずに、からっぽで飛んでいってもしかたがないことは、おわかりになると思います。すなわち、ヘリコプター部隊というのは、運ぶ人と運ぶ物が近くになければまったく意味がありません。一時期、普天間基地のヘリコプター部隊をグアムに移転するという案が出ましたが、これは、札幌に住んでいる人が鹿児島に駐車場を借りているようなもの。時間的にも労力的にも膨大なロスが生じ、軍事戦略上、大幅なマイナス要因となります。このシステムをきちんと理解していれば、そんな発想はまず出てこないはずです。ただ、この案は敵性国には好都合です。日本に攻め込んだとしても、「すぐには報復されない＝抑止力」が発揮されないからです。

普天間基地のベターな移転先は辺野古

もちろん、沖縄の住民の負担軽減については真剣に議論する必要があります。私もできることなら、沖縄県民の負担を少しでも減らしたいと考えています。でも、抑止力という重要な意味があって、自衛隊だけで対応できない以上、本当に申し訳ないことですが、普天間基地の当面の移設先はやはり沖縄の中で探さなくてはいけないと考えます。

さらに沖縄の地理的価値もあります。沖縄本島は朝鮮半島、台湾、フィリピンからも「遠すぎず近すぎず」の場所にあります。海兵隊は即応部隊ですから一般に「遠すぎ」てもいけませんし、奇襲効果を考えれば「近すぎ」てもいけません。韓国にいる約3万人の日本人救出、台湾有事への即応、またフィリピンへの自然災害対処といった点でも、「遠すぎず近すぎず」の場所に海兵隊がいることが抑止力上も対処力上も重要です。

また現状では、沖縄から基地がなくなることは、安全保障上、かえって沖縄の人たちの暮らしを危険にさらすことにもなるからです。

現実的に考えたら、人口が比較的少ない沖縄本島の北部へ移設するのが、ベストとはいえなくてもベターな選択にはなります。**徳之島**に移設というプランもありましたが、沖縄本島から200㎞以上も離れているので、抑止力という意味では基地と部隊が地続きになっているところよりも落ちます。なぜなら、地続きであれば、悪天候でヘリコプターを飛ばせない場合でも陸路で兵士が移動していくことができるからです。

また、ヘリコプター部隊には大きな弱点がひとつあります。それは、地上に停まっているときです。このときを上空から襲われると非常に弱く脆《もろ》いので、ヘリコプター部隊を配置するときには必ず防空部隊もセットで配置します。

さらに、ゲリラの攻撃からヘリコプターを守るために歩兵部隊も必要になります。それだけの人員を沖縄本島以外の離島にもっていくとなると、米軍にとっても大きな負担になるし、**何よりもそれによって沖縄の防衛力が手薄になってしまう**のです。

そういった条件をクリアできる移転先となると、やはり辺野古《へのこ》のキャンプ・シュワブがベターだと私は思います。既存の米軍基地に移るわけですから、ヘリコプター部隊の防護に頭を悩ます必要はなくなります。もちろん、普天間基地の騒音や危険といった問題を取り除くこともできますし、嘉手納《かでな》基地から距離が離れているので、有事の際のエアコントロール（航空管制）もたやすくなります（ふたつの航空基地の距離が近すぎると、何かあったときに空が混雑してしまいます）。

ここはアメリカではなく日本ですから、将来的には米軍基地の中に自衛隊もどんどん入れて、共同使用にしていくのが理想です。

日本を守るために抑止力を維持していかないといけないし、そういった軍事的な部分を無視して「県外だ、国外だ」と議論したところで、アメリカも理解してはくれません。きれいごとを言うだけではなく「いまそこにある危機」に対応するためには現実的に何がベターなのかを、政治家はもっと勉強して議論する必要があります。

普天間だけではありません。たとえば、那覇空港は年間1600万人が利用する観光の拠点であると同時に、重要な国防の拠点でもあります。通常の航空機以外に陸海空自衛隊、そして海上保安庁も使用しています。安全保障環境が厳しさを増し、スクランブル（緊急発進）の件数も大幅に増える中、官民が共同で使用する那覇空港は過密状態にあります。

2015年6月3日にも、那覇空港で自衛隊のヘリコプターが滑走路を横切ったため全日空機が緊急停止したという事件がありました。空港の拡充が急がれます。

平和安全法制を正しく評価する

では次に、安全保障の全体像を見ていきましょう。

2015年、「平和安全法制」の成立によって、それまで同盟国との関係であまりにも不自然だったことを解消でき、より幅広く協力し合える範囲が増えました。同じチームを組んで作戦を遂行するのに、ちょっとでも身の危険があれば、日本だけは持ち場を放棄して逃げていくなどというのは現実的ではありません。それはむしろチーム全体としての危険度を高めるものになっていました。

この法整備により、海外に派遣された自衛隊員が、より現実的にチームに参加することが可能になり、危険度を小さくすることができるようになりました。

ところが、現場を知らない人に限って、隊員の自由を制限しようとします。それが「リスク回避」であると言うのですが、これは勘違いもいいところです。

現実はまったく違います。机上の計算通りになどならず、常に思いがけないことが起きるのです。戦闘地域から離れていても、攻撃の対象になることはありますし、「助けてくれ」と現地の日本人から救援を求められることもあるのです。

私が「自衛隊員に武器を持たせよ」と言えば、あたかも好戦的な「イケイケドンドン」の考え方で、余計に隊員を危険にさらしていると思いこんでいる人がいます。現場の人間が一番慎重です。「イケイケドンドン」は絶対にありえません。現場を知っているからこそ命の尊さがわかり、何が怖いかがわかるのです。何が隊員の命を危険にさらすのかを知っているのです。だからこそ適切な装備を持たせなければいけない、適切な権限を与えなければいけないと言っているのです。

大切なことは何でしょうか。世界の平和に貢献する人々の働きを見ながら、お金だけ出して何もしないことでしょうか。形だけ自衛隊を派遣して、何もさせないことでしょうか。そうではありません。リスクは決してゼロにできないことを頭に入れながら、そのリスクに十分備えて、政治が任務と権限を与えて訓練させること、具体的にはリスクに対処できる権限と装備品を与えることです。

平和安全法制とは、現在、日本が国際社会の中で果たすべき役割を規定し、その際のリスクを客観的に判断し、そのリスクに備える方法を規定する法案です。まずそのことを正しく評価すべきです。

いまだに平和安全法制を「戦争法案」などと呼ぶ人たちがいるのは残念なことです。そこに平和を維持するための確かな道筋があるのなら別ですが、多くの場合、非現実的な空想の世界を語るのみです。実際に平和を維持するために活動している人々への深い考えもないのに、平和安全法制におかしなレッテルを貼るのは、世論をミスリードしているというしかありません。

国民の防衛意識を高める

「世界価値観調査」というのがあるのをご存じでしょうか。さまざまな質問からなるアンケートに回答してもらうことで、国ごとの価値観をまとめたものです。5年に1回、調査の結果が発表されています。

その中に、「自分の国が他国から攻撃されたとき、あなたは国のために戦いますか?」という質問があります。日本人はどれくらいの人が「戦う」と答えたと思いますか? 全80カ国のうち何番目だったと思いますか?

正解は80カ国中80位、しかも毎回毎回、群を抜いての80位で、戦うと答えた人は約15%です。これも毎回ほとんど変わらず15%なのです。79位はドイツで40に近い30%台で、これもだいたい決まっていつも同じです。

では、自衛隊の支持率というのはどれくらいだと思いますか? 調査によって微妙に違いますが、いずれも90%を超える高い支持率です。

自衛隊員のお見合いパーティーでも自衛隊員はとても人気があります。私も行ってきたことがあります（視察のためです）。自衛隊員のどこがいいのか、参加していた女性に聞いてみました。

「カッコいいし、体力はあるし、何かあったときに守ってくれそう」という答えでした。「何かあったときに家にいないのが自衛隊員ですよ」と言おうと思いましたが、さすがにそれはやめておきました。

自分は戦わないけれど、自衛隊は支持するという数字は、平和な状態が続いている表れだと、善意に解釈することもできるでしょう。でも、自分の安全すら人任せになっている、国防意識の低さだともとれます。

何よりも怖いのが「無関心」ではないでしょうか。国民全体として危機意識を持たず、ぬるま湯につかっています。なんともないと思っているうちに気づいたら大変なことになっていた……。それが怖いのです。

「国民の防衛意識を越える防衛力は作れない」という言葉があります。日本の防衛意識を少しずつでも上げられるよう、各種手段を通じて、引き続き取り組んでいきます。

まず知ること――知れば関心も高まる

今回、みなさんには伝えることができましたが、多くの国民は南シナ海の中国による環礁の埋め立てと軍事基地化のことを知らないでしょう。

インターネットのマップで検索すれば出てきますが、サンゴ礁のきれいな青い海の上に、戦闘機が発進可能な滑走路がいくつも建設されている状況を知らないでしょう。

東シナ海のガス田だって、外務省のホームページを見たら、とんでもないことになっているとわかるはずです。

でも無関心では、何も変わらないのです。

選挙のときもそうです。

雇用、医療、年金、介護、子育てと、「自分の半径3ｍくらい」といっては大げさですが、すぐ近くのことには非常に関心が高いのですが、安全保障というとどうしても遠い世界の話になってしまいます。

「空気と水、平和と安全はタダ」

最近、水はタダではありませんが、そういう言葉が昔からあるくらいなので、ピンとこないのかもしれません。でも、平和と安全はタダではありません。多くの人の汗と苦労と自己犠牲の精神の上に成り立っているのです。

新聞も外交面や国際面にも目を通して、いま、どんなことが議論されているのかを見るようにしたいものです。

そういう意味では教育が大切だといわざるをえません。日本では、中学の社会科の先生は、縄文時代や弥生時代は丁寧に教えますが、教えたくないのか教えられないのか、近現代史がまったくおろそかにされていると聞きます。それでは現在の国際的な問題を考える基礎知識が不足してしまいます。

いまの子どもたちに、北方領土、竹島、尖閣諸島の場所を聞いても、まず答えられないでしょう。なぜかといえば、「学校で教えてもらってないから」。その通りです。

領土を守ることの意味も、日々大変な苦労をして守っている人たちのことも、何も教えてもらっていません。

みなさん考えてください。本当にそれでいいんでしょうか。

なぜ憲法第9条改正が必要か

法整備の話をするならば、本来まっ先にしなくてはならないのが憲法です。

憲法とは何か。ここからもう議論が分かれてしまいます。すべての法律のもととなる法律だという人もいれば、統治の方法を定めるものだ、あるいは、国のあり方を示すものだなど、どこに重きを置くかという話だけでも、人それぞれ考え方が違います。

そんなときは、議論を順序よく進めていくことが大切です。まず、三権分立によって国家権力の均衡を保つという価値観については、すでに十分な合意があります。それに「法による支配」「法治主義」についても異論はないでしょう。

それであれば、「憲法はもっとも大切な、もっとも基本となる法律」だという考えは、国民がみな共有できるものと思われます。

ならば、現在の日本国憲法が本当にそれにふさわしいものなのか。すべての既成概念を取り払って、どうかもう一度、考えてみてほしいのです。

第一章「天皇」、第二章「戦争の放棄」、第三章「国民の権利及び義務」と続く、日本国憲法を、議論のために、まずは読んでほしいのです。

敗戦にともない大日本帝国憲法から日本国憲法へと価値観が劇的に変わるにあたり、第一章（第一条から第八条まで）を「天皇」としたのは十分に理解できます。次に大切なこととして第二章（第九条のみ）「戦争の放棄」としたのも、大きな変化を表すためだったのだと思います。

「日本国民は、正義と秩序を基調とする国際平和を誠実に希求し、国権の発動たる戦争と、武力による威嚇又は武力の行使は、国際紛争を解決する手段としては、永久にこれを放棄する」

この条文によって、日本の平和が守られてきたのだと信じている方がいます。しかし、それは幻想にすぎません。日本は平和外交努力に加え、自衛隊による防衛努力と日米安全保障条約により、抑止力を持ってきました。他国の侵略に対しては毅然として反撃をする力を常に保持しています。

その現実を見なかったことにして、「平和憲法だけが日本の平和を守れる」と論じるのは、見たいものだけを見ているとしか言いようがありません。

憲法第九条には第二項という続きがあります。

「前項の目的を達するため、陸海空軍その他の戦力は、これを保持しない。国の交戦権は、これを認めない」

「交戦権」という議論の分かれる言葉はここではおいておくとして、「陸海空軍その他の戦力は、これを保持しない」という文言と、現在の「日本の姿」に矛盾を感じない人はいないのではないでしょうか。かつては「自衛隊は違憲だから解散しろ」と主張する人もいました。現在では自衛隊に対する支持率は90％以上であることは先ほども書きました。災害時の救援活動や、海外での平和維持活動が高く評価されているからです。

東日本大震災での活躍を見て、「自衛隊を救助部隊にしてしまえばいい」という人もいました。しかしそれは、大きな間違いです。もし、災害派遣や人命救助を目的とした組織だったら、東日本大震災であそこまでの救助活動や復興支援はできませんでした。

なぜ、自衛隊が未曽有《みぞう》の大災害で粛々《しゅくしゅく》と任務を遂行できたのか。彼らはなぜ緊急事態で、多くの命を救う活動ができるのでしょうか。彼らがスーパーマンだからでしょうか。それは違います。何度も言いますが、自衛隊という組織は法律がなければ1ミリも動くことができません。**常に「最悪の事態」を想定して、それに備える法律を作り、厳しい訓練を積んでいるから強い自衛隊ができあがるのです。**

日本が災害被害に遭うことや、他国に攻め込まれて存亡の危機を迎えるような状況まで想定して、自衛隊は毎日過酷な訓練をしています。陸上自衛隊は東日本大震災の1年半前に、東北地方沿岸に津波が押し寄せるという想定で訓練を行っていました。だから発生後すぐに現場に駆け付けて、津波に呑まれて瓦礫《がれき》に埋もれた場所であっても、救援物資を運ぶための道路を復旧させ、多くの生命を救うことができたのです。

これが、災害救助だけを考えた部隊だったら、少なくとも東日本大震災のような未曽有の災害では、力を発揮できなかったと思います。本当に日本を守り抜きたいのであれば、もっと自衛隊について認識を深めてほしいと切に願います。自衛隊の本分はあくまでも国防なのです。

陸・海・空全自衛隊が揃っても、日本を守り抜くには現状では、隊員の数が全然足りていません。いま、日本には多くの危機が迫っています。自衛隊は、他国が攻め込むことに備えて全国に配置され、万が一のことまで想定して、日夜訓練に励んでいます。みなさんを不安な気持ちにさせるのは本意ではありませんが、現在の自衛隊の規模では、日本を守り抜くにはなにもかもが足りないのです。

東日本大震災では、10万人規模の災害派遣が初めて実施されました。それなのに、貴重な10万人が被災地に投入されたわけですから、逆にそのとき、日本の対外的な防衛力が手薄になっていたということでもあります。万が一、また同じような震災に襲われたとき、他国が攻め込んできたら、とても国民の命も領土も守り切ることはできません。

そもそも、あの10万人派遣は、菅直人首相（当時）が何の根拠もなく出した数字でした。本来ならば、どこでどれだけの部隊がどんな任務を担当するのかをしっかりと計算した上で指示を出さなければ、どれだけたくさんの隊員を派遣しても、効率的に動かすことはできません。おそらく当時の菅内閣ではそういった計算がまったくできていなかっただけでなく、その間の国防が激しく弱体化することすら認識していなかったと思います。10万人を投入するなら、その分の対策・対処が必要なのは当然です。

北朝鮮から日本に向けてミサイルが発射された場合、中国海軍が尖閣諸島を武力でとりに来た場合、南シナ海でタンカー等が航行を妨害された場合など、ありとあらゆるケースを想定し、自衛隊が日夜、そのための訓練をしているから、相手にとってはそれが抑止力になっているのです。

その事実がわかっているのなら、「陸海空軍その他の戦力は、これを保持しない」という文言《もんごん》を変えなくてはならない。少なくとも自衛隊を明記すべきだと思うのは自然ではないでしょうか。そして、ゆくゆくは自衛隊という曖昧な名称ではなく、憲法を改正し、**「国防軍《こくぼうぐん》」**というかたちで、その役割を再確認するべきだと私は考えます。

憲法では「存在しない」はずの人たちが命を懸ける矛盾

日本は平和憲法のおかげで、他国に優しくしてきたから平和を維持してきたという考えは、見なくてはいけない現実を見ていません。外交努力に加え、自衛隊員の努力、同盟関係のアメリカ軍とともに築いてきた平和と繁栄を見ようとしていません。

憲法では「存在しない」ことになっている自衛隊員が命を懸けて国を守っているというのは大きな矛盾なのです。自分からは手を出さないという国であるのは大切なことですが、主権を侵そうとするものに対しては、容赦なく対処する。そのために自衛隊がある。なぜすでにある現実を、現実として受け入れられないのでしょうか。この憲法第9条の矛盾をそのままにしているのが、私には不思議でなりません。

こんなこともありました。2007年、第一次安倍政権が退陣する直前の選挙で自民党が大敗したことで衆参のねじれが生じ、当時の小沢民主党が「インド洋での給油は憲法違反」としてテロ対策特措法の延長に賛成せず、法律が失効してしまったのです。そのため、給油活動を行っていた海上自衛隊も帰国を余儀なくされました。

その途端、どうなったか。日本に対する信頼がガタ落ちとなってしまいました。「日本の油を守るためにアメリカの若者が死んでいるのに、日本人は国内の事情で帰るのか」というわけです。イギリスのフィナンシャルタイムズ紙は1面で「これは武士道ではない。日本は臆病ものだ」とまで書きました。

その後、2008年に補給支援特別措置法（テロ対策海上阻止活動に対する補給支援活動の実施に関する特別措置法）が成立し、洋上給油が再開されることになった際、議員になっていた私は再びインド洋へ向かう船を見送りに横須賀へ行きました。そこで、派遣される司令が政治家、メディア、家族などが大勢いる前で、驚くべき挨拶をしたのです。

「憲法違反と言われた我々にも意地と誇りがあります。日本のために汗を流して参ります」

現役の自衛隊員が、公の場でこのような発言をするのは極めて異例です。各国との信頼で行ってきた活動が、政治によって納得のできない形で中断したことに対する、悔しい思いがにじみ出た発言でした。私も司令の言葉とその思いに触れ、涙を禁じえませんでした。

権利と義務のアンバランス

私が日本国憲法に抱く違和感はほかにもあります。第三章「国民の権利及び義務」です。その文言だけを聞くと、義務を果たすことで権利が得られるのだと、ごく当たり前の感覚で受けとれますが、実際は違います。

この章にはさまざまな国民の権利が15カ所に記されていますが、義務は3つだけです。「教育を受けさせる義務」「勤労の義務」「納税の義務」です。国民の権利が極めて大事なのは確かですが、権利と義務のバランスが悪いと私は感じます。

いまの社会を見て、どこかがおかしいと感じるときはありませんか。「いまさえよければいい、自分さえよければいいという価値観」「オレオレ、カネカネという価値観」に毒されていると感じないでしょうか。

国には主権と独立、国民を守る「国防の義務」があります。これがなされなければ、いかに国民が権利を主張しても、その相手となる国がなくなってしまうのです。

私は、日本国民にとってもっとも大切な日本国憲法の第三章において、ずらずらと権利ばかりが並べられていることが、いまのこのどこかおかしい社会を作っているように感じられてしかたありません。みなさんはどう考えますか。

自己犠牲の精神がなければ国防はできない

私の息子も自衛隊に入隊しました。彼は東日本大震災のとき、テレビを食い入るように見ていました。自らを犠牲にしてでも人の命を守ろうという、その自己犠牲の精神に心打たれて、自分もそういう仕事に就きたいと思ったようです。

もちろん誇らしく思いましたが、自衛隊員のみなさんの活躍する姿によって、次の世代の人たちにも国を守る、国民を守るという強い気持ちがしっかり伝わっていることが、何よりうれしいことでした。

あの震災のとき、福島第一原発で、使用済み核燃料を冷やすために、原子炉建屋の上空からヘリコプターで放水をしたことがありました。いつどんな爆発があるかわかりません。建屋の上空は高濃度放射線により大変危険な状態にありました。

あの作戦を行う前に、ヘリコプター隊長は隊員全員を集めて言ったそうです。

「みんなにも事情があるだろう。子どもが小さい者、奥さんが妊娠中の者、結婚したばかりの者……だから、志願者を募って実行する」

すると、全員が手を挙げ志願したのだそうです。隊長は男泣きしたといいます。

私は福島の出身です。ある福島の男の人から、こう言われたことがあります。

「佐藤さん、オレ本当のこと言うと、もうしょげていたんだよ。もうどうでもいいって投げやりな気持ちだった。でも、あの自衛隊の人たちがヘリコプターで水をまく映像、自分の命を賭けても守ろうとする姿を見て、オレももう一度頑張ろう。負けないぞって思ったよ」

みなさんの目にもその映像が焼き付いているかもしれません。

5限目

日本を守る

自衛隊と海上保安庁

自衛隊員のリスク

さて講義の最後は、実際に日本の平和と安全を守るのに大きな貢献をしている、自衛隊と、海上保安庁について、お話ししていきましょう。

私は、日々参議院議員として政治活動を行うかたわら、自衛隊員のご家族のみなさんで組織されている全国の父兄会の相談役を仰せつかってきました。自衛隊員を身内にお持ちのご家族、ご親族のみなさんは、大変な不安を胸に日々見守られていることでしょう。

そうした不安を少しでも払拭《ふっしょく》するために、政治家という立場からできる限りの説明をしています。

国会ではよく「自衛隊員のリスクはどうなっているのか」といった話が、特に野党側の議員から出てきます。これは純粋に自衛隊員の身を案じている部分もあるでしょうが、論戦上の戦略の一環として感情面に訴えかけているというのがあります。ただ、現実問題として、これまで目を背《そむ》けてきた、自衛隊員が戦闘に巻き込まれて亡くなるかもしれないというリスクについて、真剣に議論しなければならない状況にきていることはたしかです。

私の息子を含め、現場の多くの自衛隊員は、「リスクがあるからといって、自衛隊は何もしないわけにはいかない。国民の命を守るためには、ある程度リスクがあっても自衛隊は動かなくてはならない」と言うのです。

我々政治家にとって大事な議論は、「リスクがあるのかないのか」ではなく、「当然あるリスクを、いかに下げるのか」ということです。リスクをゼロにすることはできません。だからこそ、いざというときに備えて、自衛隊員の名誉や処遇をどうするかをしっかり話し合っておくべきだと、私はかねてより主張しているのです。これは政治の責任です。

自衛のための戦争をしなくてよい国際環境を作り上げる努力を続けることは、もちろんとても大切なことです。しかしそれと同時に、最悪の事態を想定し、自衛隊がしっかり動ける活動基盤——予算、人、装備を整えておくことも、同じように大切な政治家の役割です。

現場を知らない政治家の議論

平和安全法制が整う前、南スーダンで暴動が起きたことがあります。そこへ派遣されたある隊長は本当に困っていました。暴動で市民が何万と押し寄せてくる中、警告の射撃もできないのです。

「佐藤さん、武器使用に関する縛りは何とかならないでしょうか。早く法律を改正してください！」と悲鳴に似た声で、私に懇願《こんがん》してきました。

現場の人たちが動けなくて困ることがないようにするのが政治の役割です。

こうした事例はいくらでもあります。昔、私がイラクのサマワで活動していたころの話です。サマワは「非戦闘地域」ということになっていました。「非戦闘地域」とは、活動の最初から終わりまで戦闘が起きない、つまり、人の殺傷や物の破壊が起きない地域を意味します。戦闘地域ではないのですから、当然そこではいっさい武力は行使されないというわけです。これは当時の官僚が〝憲法第9条に抵触しないように〟と考えた政治的概念です。でも、そこで戦闘が起こらないなんて、派遣前も派遣中も誰にもわからないのです。もちろん現場の指揮官ですらわかりません。ましてや、派遣前に、現場にも行ったことのない政治家にわかるわけがありません。

実際、サマワの我々の宿営地に銃弾が撃ち込まれたこともありますし、市内でオランダ兵が手榴弾《しゅりゅうだん》で殺されたり、ロケット弾が飛び交ったりしたこともあります。

「もうサマワは戦闘地域ですね」

こうメディアに詰め寄られたとき、当時の小泉純一郎首相が言った言葉は、ある意味で衝撃的でした。

「自衛隊のいるところが非戦闘地域です！」

これでは現場はたまったものではありません。

私も、メディアからさんざん聞かれました。

「では、どこからどこまでが戦闘地域か教えてください」

（そんなことわかるか！　こっちに聞かないでくれ！）

口にこそ出しませんでしたが、あのときは本当にそんな心境でした。

考えなければ備えられない

自衛隊には中学、高校を卒業したばかりの若者も入隊してきますが、育成に約10年はかかります。たとえ法律ができて「すぐ任務に就いてくれ」と言われても、簡単にできるものではありません。訓練には時間を要します。

なにごとにも時間をかけた備えが必要だと、特に私が考えるようになった原点は、2011年3月11日の東日本大震災でした。

私は福島の出身です。東北の福島、岩手、宮城の方々は本当に反省しています。「地震、津波が来る」と言われていたのに備えを十分にしていなかったからです。

「備えあれば憂いなし」が「憂いあれど備えなし」になってしまっていました。危機管理というのは、備えをして十分訓練していなければ実践できません。リーダーが国民の命を守るという強い意志、危機感がなければ備えられないのです。

「自分の国が攻め込まれることは絶対にない」

「自分の地域は絶対に災害が起きない」

「自分の家は絶対に泥棒に入られない」

「自分の家は絶対に火事にはならない」

こんなふうに思っていたら、防衛も防災も防犯も防火もいい加減なものになってしまいます。どれだけ危機感を持つかが、備えに関わっているのです。でも、

「日本は島国で、陸続きではない」

「日本は戦後ずっと平和だった」

「日本はアメリカと日米同盟を結んでいる」ということもあって、危機について深く考えてきませんでした。

非核三原則というのがありますが、あれを私は「非核五原則」と言っています。「持たず、作らず、持ち込ませず」に加えて、「考えもせず、議論もせず」というわけです。

北朝鮮や中国、ロシアの核に対して、どうやって国民の命を守るかというときに「持ち込ませない」というのが本当に正しいかどうか、持ち込ませなくて、国民の命が守れるかどうか。日本人は議論をしません。

日米同盟がしっかりしていて、自衛隊が活躍していて、島国で、ずっと平和だったからといって、考えなくてもいいわけではないのです。

自衛隊に無理をさせないために

被災直後の2011年3月下旬、私は被災地のとある病院に行きました。そこで、院長先生とお話をしました。彼の目は真っ赤で、ほとんど寝ていないことは一目瞭然です。私はその先生にこんなことを聞きました。

「先生、どうしてそんなに頑張れるのですか？」

院長先生の答えはこうでした。

「私はあの日、津波が近づいてくる中、入院患者を屋上に避難させるのに必死でした。でも、80歳過ぎのおばあちゃんを助けるのに間に合いませんでした……。おばあちゃんのベッドを津波がさらっていくときの光景を、私は一生忘れません。おばあちゃんは、そのベッドの上で私に手を振りながらこういったのです。『せんせーい、ありがとーございましたー！』。佐藤さん、私は院長、つまり病院のリーダーです。それなのに災害への備えを十分にしておらず、全員を助けることができませんでした。本当に反省しています。でも、私にはまだ守るべき命があります。だからこうしていま、私は頑張っているのです」

私は、彼の話をただ聴くしかありませんでした。誰かを守るというのは、まさにこういうことです。それは、自衛隊もまったく一緒です。あの震災のとき、自衛隊は緊急事態宣言がないため、現行法の縛りがあり動きたくても十分に動けませんでした。

それだけに、ものすごく無理をした隊員も大勢いました。ひとりでも多くの人を助けたい、その気持ちは痛いほど理解できますが、無理をしすぎて隊員を潰してしまうわけにもいきません。そこを管理、コントロールするのがトップ、政治家の役目なのです。

自衛隊員のご家族の心配するお気持ちはよくわかります。いたずらに、それ行けやれ行けといった**無茶な送り出し方は絶対にさせません。自衛隊員の命も一般の方々の命と同じです。一人ひとりがかけがえのないものなのです。**

我々はそのために日々国会で戦っています。どうかみなさんもそんな我々を応援し見守っていただきたいと思います。

国家国民のリスクを背負う自衛隊員

各国のおかれている状況の変化や兵器の進化によって、安全保障環境はどんどん厳しさを増しています。日本がすべきことは、**国家国民を守るため、現憲法下で最大限、できることをやれるようにすることです。**

「1限目」で詳しく触れた平和安全法制は、そのための重要な布石《ふせき》です。当然、自衛隊のできることが多くなるのですから、**「自衛隊員のリスク」と「自衛隊員の名誉と処遇」についてもきちんと議論していく必要があります。**

そもそも「守る」とは、自分の身を危険にさらして、味方の安全を確保することです。

味方を守るために、誰かがリスクを覚悟で行動しないといけません。自衛隊がリスクを背負わなければ、国家国民の安全を保障することはできません。

だから、自衛隊の任務には常にリスクがともないます。これが国防の本質なのです。法案反対派が、自衛隊員のリスクばかりを問題にするのはおかしなことで、自衛隊のリスクをいうのなら、国民のリスクはどうでもよいとでもいうのでしょうか。

我々は、**自衛隊員のリスク論から国民のリスク論に踏み込んだ上で、自衛隊員のリスクをいかに最小限に抑えるかという議論を進めなくてはならない**はずなのです。

そのためには、政治家が自衛隊に「ここまでリスクを最小化したが、こういうリスクは背負ってくれ」としっかり頼む必要もあります。政治がリスクを最小化することは重要ですが、それでもリスクは残ります。最終的には現場指揮官が部隊を指揮・統率してから、隊員の安全確保を図らなければなりません。

その意味で、リスクを明確にすることは、自衛隊にとっても必要なことです。

繰り返しになりますが、あらかじめリスクがわかっていてそれを想定しながら動くのと、現場で当事者たちがそのときどきの状況をみながら判断を迫られるのとでは、リスクへの対処のしかたも違ってきます。あらかじめ想定されているほうが、スムーズに対処できるのはいうまでもありません。

戦争を抑止するのは集団的自衛権

集団的自衛権はリスクを増やすことになるのでしょうか。安倍首相は、先述の演説で、次のような意味のことも述べています。「アジアの安全保障ダイヤモンド」構想については、3つの原則がある、と。

すなわち、

●国家が何かを主張するときは、国際法に基づいてなすこと
●武力や威嚇は、自己の主張のために用いないこと
●紛争の解決は、あくまで平和的手段によること

以上の3つです。

憲法第9条を支持する護憲論者《ごけんろんしゃ》の方々の中には、この三原則といまの日米同盟を強化しようとする動きとの間に、矛盾するものを見つけた気になるかもしれません。

しかし、ここまでの講義を受けたみなさんならおわかりでしょう。集団的自衛権を支え

る新しい関係の日米同盟は、**むしろ極めて温順な平和主義の理念に基づいています。**抑止力を働かせて、実際には紛争に発展する可能性を低くしようというものだからです。

相手がうかつに動けない状況ができあがれば、対話の余地が生まれ、外交努力で平和への道筋を探ることが可能です。

かつて互いに大きな戦争を経験した日本とアメリカだって、一生懸命外交努力をしながら、いまの関係を築き上げてきたのです。

「戦わずに国を守る方法」とは、すべての軍備を放棄するという意味ではありませんし、軍備を持った国とは手を結ばないということでもありません。**抑止力を持つことです。**へたに手を出したら、自分のほうがもっとやられてしまうと相手に思わせることが抑止力です。

たとえば、ひ弱なお金持ちが相手であれば、ちょっと殴ってお金を巻き上げてやろうと考える人はいるかもしれません。でも、**相撲の横綱に殴りかかる人はいないでしょう。**抑止力とは、実はこれくらい単純な側面もあるのです。

日本の海を守る海上保安庁

海難救助に命を懸ける海上保安官たちを描いた『海猿《うみざる》』は、原作の漫画だけでなく、テレビドラマや映画でも大ヒットしましたので、ご記憶の方も多いと思います。確かに海難救助も海上保安庁の重要な任務ですが、それだけではありません。日本の安全保障という部分でも、海上保安庁の役割は大きいのです。

まず、領海と排他的経済水域という「海の国境」を守る活動です。特に警戒が必要なのは、近隣の国が日本の主権を侵そうという行為です。海上保安庁は日本のコーストガード(沿岸警備)として、24時間体制で、外国船に目を光らせています。

特に尖閣諸島周辺の中国による数々の事案、たとえば公船による領海侵入、排他的経済水域に漁船が立ち入っての不法操業、同じく排他的経済水域での海洋調査船による無断での調査活動には、海上保安庁が粘り強く対応していくしかありません。

海上保安庁は「海の警察、海の消防」

さらに海上保安庁は、「海の警察」であり「海の消防」でもあると言われます。そのため任務は多岐《たき》にわたっています。

犯罪行為、特に密入国や密輸への取り締まりは重要な職務です。かつて北朝鮮からの不審船・工作船が海上保安庁と銃撃戦をするなどの重大事件を引き起こしていますし、未解明の数多くの拉致《らち》事件にも関与していたとみられています。ですから、海上保安庁は情報の収集と監視を怠ってはいけません。

また、重要外国船の寄港時や、国際的なイベントの開催時に、船の周囲や沿岸を警備するのも海上保安庁の仕事です。近年では、いつ日本を含む西側諸国を狙ったテロが発生しても不思議ではありません。原子力発電所など、沿岸部の重要施設がその標的にならないとも限りません。そうした警戒も行っています。

「海の警察」の仕事はまだまだあります。最近では暴力団の資金源にもなっているという海産物の密漁。外国漁船による違法操業。麻薬などの密輸や密入国。もちろん陸上の警察と同様に、交通の安全も大切な仕事で、標識や灯台の維持管理を行っています。

さらに、周辺諸国と連携して東南アジア海域に巡視船や航空機を派遣し、海賊対策について現地のコーストガードと情報交換をしたり、合同の訓練を行ったりして、海の安全を確保するため、積極的に支援しています。

次は「海の消防」です。事故や火災、災害への対応や、海難救助に備え、日々過酷な訓練を続けています。

さらには環境保全、海洋調査など、科学的な分野の職務も担っています。

2019年度予算で承認された定員は1万4178人です。これだけの職務があり、しかも緊張感が高まる尖閣諸島などにも対応しなくてはいけません。人員が足りない状況なのは明らかでしょう。

そうした厳しい環境の中でも、日本の海の安全のために万全を尽くしてくれていることに対し、感謝の気持ちしかありません。できる限りの支援をしたいと常に考えています。

海上保安庁は「海軍」ではない

海上保安庁は日本のコーストガードと言いました。事実、海上保安庁の英語名称はJapan Coast Guard（JCG）です。ただ他国のコーストガードは、「沿岸警備隊」のような訳語に相当し、もう少し「軍隊」の要素が強いか、「軍の一部」となることも多いようです。

海上保安庁の実体を考えると、海の国境を守っているのですから防衛省の管轄《かんかつ》でもおかしくありません。あるいは、海の警察なのですから法務省あるいは警察庁に属する組織であってもおかしくはありません。

でも、海上保安庁は、国土交通省の外局なのです。これには歴史的な背景があります。

第二次世界大戦後、日本を占領した連合国軍最高司令官総司令部（GHQ）は、日本の軍隊を解体しました。ところが、海軍がなくなった日本の海は、密入国や密輸入、それを媒介とした伝染病の流行、挙げ句の果てには海賊が横行するなどして、まったく治安が乱れてしまいました。

GHQはそれらへの取り締まりが必要だと感じ、1946年に「不法入国船舶監視本部」を組織することを許しました。しかし、日本海軍の再組織につながることを警戒し、運輸省（現在の国土交通省にあたる）が管理することとし、必要最小限の運輸省職員と装備しか与えませんでした。

しかし、アメリカ対ソ連、自由主義陣営対社会主義陣営が激しく対立する時代になって、GHQも考え方を変えていきます。

1948年、「不法入国船舶監視本部」を「海上保安庁」に改変します。任務は沿岸警備と、戦争中に仕掛けられた機雷を処理する掃海《そうかい》業務でした。運輸省の外局のままであり、船の大きさや、総人員は制限されましたが、小火器を装備し、治安維持にあたる「海上保安庁」が誕生したのでした。

その後、海上保安庁の付属機関として発足した「海上警備隊」が段階的に「海上自衛隊」へと発展していきます。すなわち、海上保安庁が「親」、海上自衛隊が「子ども」ともいえます。

海上自衛隊は防衛庁（現在の防衛省）に移行しましたが、海上保安庁は国土交通省の外局のまま現在に至っているのです。

海上保安庁の装備

海の警察活動をするのにも、消防活動、救助活動をするのにも、実戦的な装備が必要になります。犯罪者制圧のための武器、任務に適した船艇《せんてい》、航空機が装備品として配備されています。

●巡視船

巡視船は、外洋の広範囲な海域での活動に適した比較的大きい船で、131隻あります(2017年4月現在。以下同)。海上警察活動や捜索救難活動などを行います。ヘリコプターを1機または2機搭載できる大型のものから、200トン型以下の小型のもの、放水機能などを備えた消防船など、さまざまな種類があります。船名には日本の山、海峡、半島、岬などの固有名詞が使われています。

●巡視艇《てい》

巡視艇は、港内や沿岸など、範囲の限られた海域で活動するのに適した比較的小さい船で、238隻あります。巡視船と同じく、海上警察活動や捜索救難活動を行います。船名には気象に関係するものが多くつけられています。

●特殊警備救難艇

原子力艦船が入出港する際、空間・海中・海底土中の放射能測定を行う「放射能調査艇」が3隻、小型で小回りがきく「警備艇」が2隻、拳銃密輸取締・プレジャーボートの指導・密漁取締りなどの任務で活躍する「監視取締艇」が58隻、合計63隻が特殊警備救難艇に分類されています。

●その他の船艇

そのほかには、科学技術の分野とも連動し、海底地形測量や海潮流観測などを行っている「測量船」が13隻、灯台、航路ブイの維持管理など各種航路標識の保守点検を行う「灯台見回り船」が7隻、海上保安学校に配備され、学生が資格を取得するための実習に使う「教育業務用船」が3隻あります。

●航空機

船だけでなく航空機も配備され、上空からも海上保安庁の広範な任務を遂行しています。救助活動はもちろんのこと、火山の監視、沿岸域の測量、被災地への物資輸送などにも使われています。飛行機が26機、ヘリコプターが48機あります。

海上自衛隊が守るのは日本の平和と独立

「治安と安全を守る」海上保安庁に対して、「日本の平和と独立を守る」のが自衛隊であり、海でその任務にあたるのが海上自衛隊です。他国の侵略から日本を守り、危険が迫らないよう常に万全を期しています。

平時における海上自衛隊の主な任務は、日本の周辺海域を24時間体制でパトロールすることです。**他国の異変、特に潜水艦を探知する「哨戒《しょうかい》活動」は重要任務のひとつです。**

潜水艦は核弾頭を搭載した長距離弾道ミサイルを撃つこともできる最強の武器です。しかも身を海中深くに隠すことができますので、もっともやっかいな兵器なのです。海上自衛隊がくまなく行うパトロールは、潜水艦を探す訓練でもあり、また調査と情報収集でもあります。もし潜水艦、あるいは未知なる艦船など、目標を探知した場合は、徹底的に調べ上げ、以後は監視体制下に置きます。

もしも災害が発生し、激甚《げきじん》な被害があれば、いち早く駆け付け、啓開《けいかい》、救助、輸送などに従事します。

また他国で大災害があったときも、国際緊急援助の輸送を行っています。他の機関と連携しながら、洋上救難や離島の急患搬送をすることもあります。このように幅広く、日本国民の命を守っているのです。

一方、海外に派遣されるケースもあります。アフリカ東端の国・ソマリア沖のアデン湾では、海賊がタンカーを襲撃する事件が多発していました。現在もなお、海上自衛隊の護衛艦等がジブチに派遣され、この海域を通航するタンカーや商船を護衛し、海賊の情報収集活動にあたっています。

海上自衛隊の装備

国際情勢により、安全保障の戦略は変わります。戦略が変われば兵器の重要性も変わります。艦船や航空機の配備にどのように反映されているのでしょうか。

●護衛艦《ごえいかん》

他国であれば「軍艦」と呼ぶものを、日本の海上自衛隊では「自衛艦」と称しています。同じように、護衛艦というのは日本の海上自衛隊特有の呼称です。名前からは、寄り添うようにして何かを守るイメージですが、高い巡航《じゅんこう》性能を持つ大型戦闘艦艇を幅広く指しています。

すべての護衛艦は、対潜《たいせん》センサーと対潜兵器を装備しています。「対潜」というのは「対潜水艦」の意味であり、単独で潜水艦に対抗する能力を持っているのです。

とりわけ潜水艦を探し出す力（哨戒能力）が強いのが、「ヘリ空母」の機能を持つタイプです。すべての自衛艦の中で最大の「いずも」型は、排水量1万9500トン、対潜哨戒能力の高い哨戒ヘリコプター7機と、救難・輸送ヘリコプター2機を搭載できます。

また一般にイージス艦と呼ばれている艦船も、正式にはイージスシステムを搭載した護衛艦です。イージスシステムは、高度な自動化を可能にした艦載《かんさい》武器システムのことです。対応するレーダーやミサイル発射機などのハードウェアを組み込むことで、対空ミサイル防衛や対潜戦で優位に立てる、圧倒的な情報処理能力を有しています。

日本が長距離ミサイルで狙われても、このシステムがはるか上空で撃墜します。

●潜水艦

海中深くに潜航することで身を隠すことができるため、相手にとって脅威になる艦船です。とにかく隠密性に優れ、「海の忍者」「究極のステルス兵器」と呼ばれています。その一方、エンジンやスクリュー音などの発する音が大きいと見つかりやすくなります。

他国では原子力潜水艦が多く用いられています。動力に酸素を必要としないため、一度潜ったら長期間潜りっぱなしでいられます。ただし旧式の原子力潜水艦は、音が大きいという弱点があります。

日本の海上自衛隊に配備されているのは、原子力潜水艦ではなく、通常型と呼ばれるディーゼル動力艦のみです。新しいタイプの「そうりゅう」型はディーゼル・エレクトリック方式という動力装置を採用し、長時間の潜航が可能な上に、非常に静粛性《せいしゅくせい》が高く、見つかりにくいという特長があります。

●掃海艦、掃海艇

洋上に敷設された機雷を処理する艦艇です。掃海艦は大型の船で、外洋域の深いところにある機雷を処理するのに適しています。

掃海艇は中型または小型の船で、沿岸部や内水の浅いところにある機雷を処分するのに適しています。

日本は第二次世界大戦で大量の機雷を敷設され、その掃海を長年にわたって行ってきたノウハウがあり、また能力の高い艦艇を数多く持っています。

湾岸戦争が終結した1991年、海上自衛隊の掃海部隊が「ペルシア湾掃海派遣部隊」として派遣され、機雷処理の任務を行ったこともありました。

●補給艦

燃料、真水、物資、弾薬、食料の補給を行う船です。洋上で大量の物資をすばやく移送できるよう工夫がなされています。

海上自衛隊最大の補給艦「ましゅう」型は、基準排水量1万3500トン。満載時の排水量は2万5000トンにもなります。

●その他の艦艇

ほかに、幹部教育のために使われる「練習艦」「練習潜水艦」「訓練支援艦」、消防・災害派遣・曳航《えいこう》・射撃訓練・物資輸送など文字通り多目的に活用される「多用途支援艦」、対潜戦に役立てるデータとして海底の地形・磁気雑音などを調査する「海洋観測艦」、ソナー（聴音システム）によって潜水艦の音紋を採集し、探知する「音響測定艦」、浮上できなくなった潜水艦の救難にあたる「潜水艦救難艦」「潜水艦救難母艦」など、用途に応じてさまざまな艦艇があります。

●航空機

海上自衛隊に配備された航空機の重要な任務のひとつは、潜水艦を探知する哨戒活動です。現在配備されている哨戒機としては、固定翼機（飛行機）のP－3C、その後継機P－1、回転翼機（ヘリコプター）のSH－60J、その後継機SH－60Kが主力として活躍しています。そのほかにも救難飛行艇US－2や、救難ヘリコプター、掃海・輸送ヘリコプターなどがあります。

アメリカとの同盟関係によって強力な抑止力になる

世界の国々と比較して、日本の海上兵力はどれくらいだと思いますか？　海上兵力を統計的に表すときは、トン数（船の重さの合計）を用い、隻数（船の数）も参考にします。「防衛白書（平成30年版）」によると、海上兵力の世界ナンバー1はアメリカで、636・8トン（945隻）。2位はロシアで204・2トン（1093隻）、3位が中国で178・7トン（754隻）となっています。日本は世界5位に相当する48・8トン（135隻）です。これは中国の3分の1未満でしかありません。

昨今、中国とは何かと主張がぶつかっています。南シナ海などの様子を見れば、もしそれだけの差があれば、日本に対しても力による現状変更を仕掛けられる可能性が高いでしょう。

でも日本は、日米安保条約に基づき、アメリカと強い同盟関係にあり、非常に緊密な連携を保っています。同盟関係にある日米は、兵力の「和」と「質」で中国を圧倒しているのです。いま、中国は尖閣諸島や東シナ海で日本に挑発的な行為を続けています。しかし、そこまでで止めているのは、まさに日米同盟のおかげなのです。

しかし、単に日米安保条約があれば、日米同盟を維持できるというものではありません。あらゆる緊急事態を想定して、緊密に連携を図り、日米共同訓練を積み重ね、練度を高めていくことが重要です。

海上自衛隊とアメリカ海軍の共同訓練は、平成29年度だけでも23回行っています。その内容も対潜訓練、巡航訓練、掃海訓練など幅広いものです。国と国との誠実なお付き合いと不断の努力により、平和は保たれています。

当然、周辺国はこうした連携の内容を注意深く見ているのです。

中国や北朝鮮の情勢が大きく変わっていく中、日米が問題を共有し、対処した結果がこうした連携につながりました。今後も、お互いに大事な同盟の絆を維持するよう調整していく必要があります。

おわりのホームルーム

平和のためにできることは身近にあります

日本をめぐる安全保障環境は常に変化しており、2019年4月現在も新しい情報が次々と報道されています。いくつか紹介してみましょう。

中国・敦煌《とんこう》の西約100㎞のゴビ砂漠の中に、横須賀基地の地形がくっきり描かれている様子（正確には、鏡に写したように左右対称ですが）が報道されました。米軍の衛星が撮影した写真をよく見ると、停泊している米軍艦の形まで描かれています。そしてその真ん中にはミサイルの着弾跡と思われるクレーターが確認できます。ここで長距離弾道ミサイルの実験、訓練を行ったことは疑いようもありません。

また、多額の経済援助を背景に親中的な政策をとっていたフィリピンのドゥテルテ大統領ですが、最近では状況が変わってきています。国内の工場に中国からの労働者が増えて、国民の就労機会を圧迫しているため、世論が中国に対して厳しくなってきています。また、援助は援助として大きいものがありましたが、同時に多額の借金を背負わされているという現実に批判が出ているというのです。選挙を控えたドゥテルテ大統領もそんな世論を無視できなくなったのか、フィリピンが実効支配するパグアサ島について「我々のものだ。（中国は）手を触れるな」と牽制する演説をしました。同島周辺には、3カ月間で600隻もの中国漁船が押し寄せ、地元の漁師が操業妨害だと訴えているのだといいます。

こうした刻々と変化していく環境に対して、日本政府はきちんと対応し、常に適切な抑止力を保っていくことが大切なのは、今回の講義で理解してもらえたと思います。

抑止力（報復力）と対話はともに大事で、外務省では今後もその両輪をしっかりと働かせて、戦争のない平和な日本を守っていきます。

途中で少しだけ触れましたが、もうひとつ大きな抑止力となりうるのが**人的交流**です。みなさんは、東日本大震災の際に、台湾の人々が多額の義捐金《ぎえんきん》を送ってくれたことをご存知でしょう。実に200億円を超え、世界中でもっとも多い金額でした。なぜそこまで日本のためにしてくれたのでしょうか。もちろん、中国からの独立を保つため、日米との同盟関係が重要だという事情はあります。しかし、それは民間レベル、個人レベルで協力してくれた説明にはなりません。その答えは、戦前にまでさかのぼります。第二次世界大戦の終結まで、台湾を統治していた日本が、教育やインフラの整備などの善政をほどこし、

その後の台湾発展の基礎を作ったのです。たくさんの義捐金が集まったのは、それに対する感謝の気持ちがいまでもあるからだと言われています。その後も両国は真心のこもった交流を続けてきたため、台湾には親日派がとても多いのです。

こんなこともありました。１９８５年、イラン・イラク戦争が激化し、お互いが無差別攻撃を仕掛ける事態になってしまいました。当時、テヘラン（イラン）にはたくさんの日本人がいましたが、航行の安全が確保できないため政府は特別機を手配できませんでした。この危機を救ってくれたのがトルコでした。トルコ航空の救援機２機が、在留邦人合わせて２１５人を乗せて、日本へと送り届けてくれたのです。いったいなぜトルコは危険をかえりみず、日本のために力を貸してくれたのでしょうか。

その答えは、この危機から95年前の１８９０年にありました。オスマン帝国（トルコ共和国の前身）が親善目的で派遣した使節団は、明治天皇との会見を無事終え、帰途につきました。しかし、木造の軍艦エルトゥールル号は串本村大島（現・和歌山県串本町）沖で台風に遭い沈没。５００名以上の犠牲者を出す大惨事となりました。そんな中でも地元住民が必死で救援と介護に努め、69名の乗員を救助しました。そして政府は彼らを２隻の戦艦で祖国まで送り届けました。この惨事に衝撃を受けた民間人が義捐金を集めてオスマン帝国まで持参するという出来事もありました。**この一件はトルコの教科書に掲載され、長くトルコ人の記憶に残りました。**それで、トルコはとても親日的な国になったのです。トルコ航空機による救援が無事に完了すると、トルグト・オザル首相（当時）や駐日トルコ大使は、口を揃えて、**「エルトゥールル号の恩返しをしただけのこと」と言ったのです。**

このほかにも、日本の海外援助によるインフラ整備や、欧州列強の圧政から救ってくれたことへの感謝と恩を忘れず、親日派でいてくれる国がたくさんあります。**これらがすべて日本の平和を築く礎《いしずえ》になっています。**

これからの日本は外国人材に頼ることになります。すでに多くの外国人が日本で働いていますが、さらに増加するのは避けられません。それは日本にとって大きな問題であると同時に、国際親善の輪を広げるチャンスでもあります。

遠い異国の地で、慣れない言葉を一生懸命勉強して働いている人たちに、真心をもって優しく接する。そんな当たり前のことが、平和な日本を作ることにつながるのではないでしょうか。そんなことを考えながら、今回の講義を終わろうと思います。

令和元年（２０１９年）５月吉日

参議院議員　佐藤正久

高校生にも読んでほしい
平和のための安全保障の授業

著者　佐藤正久（さとう まさひさ）
令和元年6月1日　初版発行

装丁　森田直／積田野麦（FROG KING STUDIO）
校正　大熊真一（編集室ロスタイム）
構成　菅野徹
編集協力　若林優子

発行者　横内正昭
編集人　岩尾雅彦
発行所　株式会社ワニブックス
〒150-8482
東京都渋谷区恵比寿4-4-9えびす大黒ビル
電話　03-5449-2711（代表）
　　　03-5449-2716（編集部）
ワニブックスHP　http://www.wani.co.jp/
WANI BOOKOUT　http://www.wanibookout.com/

印刷所　株式会社 美松堂
DTP　株式会社 三協美術
製本所　ナショナル製本

本書は2015年8月に刊行された『高校生にも読んでほしい安全保障の授業』と、2016年12月に刊行された『高校生にも読んでほしい海の安全保障の授業』（小社刊）を再構築し、新たな情報を加筆したものです。

定価はカバーに表示してあります。

落丁本・乱丁本は小社管理部宛にお送りください。送料は小社負担にてお取替えいたします。ただし、古書店等で購入したものに関してはお取替えできません。

本書の一部、または全部を無断で複写・複製・転載・公衆送信することは法律で認められた範囲を除いて禁じられています。

© 佐藤正久2019
ISBN 978-4-8470-9804-8